Vergaberecht
in der städtebaulichen Planung

Vergaberecht in der städtebaulichen Planung

Herausgegeben von Willy Spannowsky und Andreas Hofmeister

DER JURISTISCHE VERLAG
lexxion
BERLIN

Bibliografische Informationen der Deutschen Bibliothek

Die Deutsche Bibliothek verzeichnet diese Publikation in der Deutschen Nationalbibliografie; detaillierte bibliografische Daten sind im Internet über <http://dnb.ddb.de> abrufbar.

ISBN: 978-3-93 98 04-51-2

www.lexxion.de
Umschlag: Christiane Tozman
Satz: typossatz, Berlin

Vorwort

Das Vergaberecht spielt für Städte und Gemeinden bei der Vergabe öffentlicher Aufträge schon seit geraumer Zeit eine bedeutende Rolle. Vor dem Hintergrund europarechtlich begründeter nationaler Regelungen sehen sich die Kommunen vor schwierige Herausforderungen gestellt. Darüber hinaus haben die nationale Rechtsprechung sowie Entscheidungen des EuGH den Stellenwert des Vergaberechts für die kommunale Praxis im Hinblick auf die Beauftragung Dritter mit Bau- und Planungsleistungen deutlich erhöht. Das Haftungsrisiko der Kommunen hat ebenfalls zugenommen. Während es der EU-Kommission um die Liberalisierung des öffentlichen Auftragswesens geht, fordern Städte und Gemeinden mehr Flexibilität bei der Vergabe öffentlicher Aufträge.

Es hängt von der Art des zu vergebenden Auftrags und vom Auftragsvolumen ab, ob die Anforderungen des nationalen oder des EG-Rechts zum Tragen kommen. Das EG-Recht enthält weitreichende formale Anforderungen für die Auftragsvergabe durch öffentliche Auftraggeber. Die „Flucht ins Privatrecht" hilft nicht. Denn öffentliche Auftraggeber im Sinne von § 98 GWB können auch Private sein. In die vergaberechtliche Beurteilungszone der Rechtsprechung sind zudem Kooperationen zwischen Kommunen und öffentlichen oder privaten Partnern in Form von Eigengesellschaften und Öffentlich-Privaten Partnerschaften geraten.

Der vorliegende Band enthält die schriftlich ausgearbeiteten Fassungen der Referate, die anlässlich einer an der TU Kaiserslautern am 13.3.2008 durchgeführten Fachtagung mit dem Thema „Inhalt und Bedeutung des Vergaberechts für die kommunale Praxis" gehalten wurden. Ziel der Fachtagung war es, die aktuellen Entwicklungen des Vergaberechts im Bereich der städtebaulichen Planung und der Realisierung von Projekten darzustellen, einen Überblick über die Voraussetzungen für die Verpflichtung zur Durchführung eines Vergabeverfahrens und Hilfestellung für die Wahl der richtigen Art des Verfahrens zu geben, praxisorientierte Gestaltungsmöglichkeiten aufzuzeigen und ggf. rechtspolitische Anstöße aus der Planungspraxis aufzunehmen.

Willy Spannowsky
Andreas Hofmeister

Inhaltsübersicht

Entwicklungslinien des Vergaberechts

*Dr. Rüdiger Kratzenberg**

I. Die Bedeutung des öffentlichen Vergabewesens

Die wirtschaftliche und funktionelle Bedeutung des öffentlichen Vergabewesens für die Kommunen in Deutschland ist hoch einzuschätzen, dies ergibt sich schon aus dem Volumen der öffentlichen Beschaffungen von ca. 250 Mrd. € im Jahr, von denen etwa zwei Drittel auf die Kommunen entfallen. Gesamtwirtschaftlich betrachtet unterfallen damit 15 % des Bruttoinlandsproduktes dem öffentlichen Beschaffungswesen. Das öffentliche Vergabewesen stellt sich somit für verschiedene Adressaten als eine wesentliche Rahmenbedingung dar. Zunächst hat es große Bedeutung für die öffentlichen Hände selbst. Die Funktionsfähigkeit der Verwaltung ist ohne ein funktionierendes Beschaffungswesen nicht vorstellbar; Dienstgebäude, Büromittel etc. müssen unter der Prämisse des haushaltsrechtlichen Wirtschaftlichkeitsgebotes effizient beschafft werden. Als wichtiger Absatzmarkt ist das öffentliche Beschaffungswesen ebenso für die Wirtschaft von Bedeutung. Betroffen sind insbesondere die Unternehmen, die sich um öffent-

* Dr. Rüdiger Kratzenberg ist Ministerialrat im Bundesministerium für Verkehr, Bau und Stadtentwicklung in Berlin.

liche Aufträge bemühen und Vertragspartner der öffentlichen Hände werden wollen. Darüber hinaus ist auch die mittelbare Bedeutung des öffentlichen Auftragswesens für einen weiteren Kreis von Beteiligten nicht zu unterschätzen. Genannt seien hier insbesondere auch die Arbeitnehmer, die in den Unternehmen, die sich um öffentliche Aufträge bemühen, arbeiten. Letztlich ist auch die gesamtgesellschaftliche Bedeutung unabweisbar. Im Vordergrund steht hierbei als Betroffene die Gemeinschaft der Steuerzahler. Lässt man den Spezialaspekt der zunehmenden Projekte mit Einbeziehung von privatem Kapital hier zunächst außer Acht, so zeichnet sich das öffentliche Beschaffungswesen gerade dadurch aus, dass hier ausschließlich öffentliche Mittel des Steuerzahlers Verwendung finden. Jede Vergrößerung des Volumens öffentlicher Aufträge wirkt sich somit auch unmittelbar auf die Steuerlast der Bürger aus.

II. Vergaberecht als wesentliche Rahmenbedingung für die Beschaffungstätigkeit von Kommunen

Das Vergaberecht ist die wesentliche Rahmenbedingung für die Beschaffungstätigkeit der Kommunen; es vereint insbesondere haushalts-, wettbewerbs-, zivil- und kommunalrechtliche Aspekte. Diese interdisziplinäre fachübergreifende Ausrichtung des Vergaberechts ist herauszustellen. Aus ihr ergeben sich schon zugleich die wichtigsten Anforderungen an eine inhaltliche Ausgestaltung und an die Ziele eines funktionierenden Vergaberechts. Was ist also Vergaberecht? Gibt es eine allgemeingültige Definition? Verwiesen sei hier auf den Beschluss des 1. Senats des Bundesverfassungsgerichts vom 13.6.2006[1]: Als Vergaberecht wird die Gesamtheit der Normen bezeichnet, die ein Träger öffentlicher Verwaltung bei der Beschaffung von sachlichen Mitteln und Leistungen, die er zur Erfüllung von Verwaltungsaufgaben benötigt, zu beachten hat. Diese Gesamtheit der Normen soll nach ihren verschiedenen Rechtsmaterien charakterisiert werden.

Im Vordergrund steht zunächst das Haushaltsrecht. Das Haushaltsrecht ist in Deutschland traditionell die Grundlage aller staatlichen Beschaffungen. Es hat nach § 6 Abs. 1 des Gesetzes über die Grundsätze des Haushaltsrechts des Bundes und der Länder (Haushaltsgrundsätzegesetz – HGrG) die wirtschaftliche und sparsame Verwendung der Haushaltsmittel zum Ziel. Zu diesem Zweck legt § 30 HGrG die öffentliche Ausschreibung als Regelform der Auftragsvergabe

1 BVerfG, Beschluss vom 13.6.2006 – 1BvR1160/03.

fest. Dieser Grundsatz wird in den Haushaltsordnungen des Bundes und der Länder sowie den landesrechtlichen Gemeindehaushaltsverordnungen dahin konkretisiert, dass beim Abschluss von Verträgen nach einheitlichen Richtlinien zu verfahren ist (vergleiche etwa § 55 Abs. 2 der Bundeshaushaltsordnung (BHO) sowie der entsprechenden Landeshaushaltsordnungen und der Gemeindehaushaltsverordnungen). Derartige Richtlinien enthalten die Vergabe- und Vertragsordnungen, die von Vergabe- und Vertragsausschüssen ausgearbeitet werden, welche aus Vertretern von Bund, Ländern und Gemeinden sowie von Verbänden der Wirtschaft und Gewerkschaften bestehen. So gilt etwa für die Vergabe von Bauleistungen die Vergabe- und Vertragsordnung für Bauleistungen (VOB), deren Teil A das Verfahren für die Vergabe von Bauaufträgen regelt. Diese Verfahrensregeln werden von den zuständigen Ministern als Verwaltungsvorschriften erlassen und gelten auch für die Kommunen. Ähnlich verhält es sich bei der VOL/A, die in zwölf Ländern bindend zur Anwendung kommt und in den übrigen Ländern zur Anwendung empfohlen wird.

Die zweite Rechtsmaterie ist das Wettbewerbsrecht. Es enthält rechtliche Regeln für das Wirtschaftsgeschehen. Für das Vergaberecht ist insbesondere der Grundsatz des Wettbewerbs von Bedeutung. Mit Inkrafttreten des Vergaberechtsänderungsgesetzes wurde er auch ausdrücklich bundesrechtlich normiert, wonach die Beschaffung von öffentlichen Leistungen „... im Wettbewerb und im Wege transparenter Vergabeverfahren" (§ 97 Abs. 1 GWB) zu erfolgen hat. Die VOB hat die wettbewerblichen Grundsätze für die Vergabe traditionell etwas weiter gefasst. Danach sind Bauleistungen an fachkundige, leistungsfähige und zuverlässige Unternehmen zu angemessenen Preisen zu vergeben. Der Wettbewerb soll die Regel sein. Ungesunde Begleiterscheinungen wie z. B. wettbewerbsbeschränkende Verhaltensweisen sind zu bekämpfen.

Ein wichtiges Element des Vergaberechts ist auch der Gleichbehandlungsgrundsatz. Diesem im europäischen Primärrecht und im Grundgesetz verankerten Grundsatz, dessen vergaberechtliche Ausformung auch das Diskriminierungsverbot beinhaltet, kommt ebenfalls eine gesteigerte Bedeutung zu. Er verpflichtet die öffentlichen Auftraggeber, alle Teilnehmer an einem Vergabeverfahren gleich zu behandeln, wenn vergleichbare Situationen vorliegen.

Das Vergaberecht enthält auch eine Reihe von zivilrechtlichen und kommunalrechtlichen Inhalten. Die letzteren seien hier nur kursorisch erwähnt, sie sind insbesondere als Verfahrensvorschriften und Zuständigkeitsmaßgaben von Bedeutung. Die zivilrechtlichen Elemente des Vergaberechts sind für die spätere Ausführung der im Wettbewerb vergebenen Verträge von größter Bedeutung. Sie sind teilweise im Vergaberecht enthalten; so enthält z. B. die VOB/A zivilrechtliche Inhalte (z. B. § 12 „Vertragsstrafen sind in angemessenen Grenzen zu halten“, § 13 „Länge der Verjährungsfristen“, § 15 „Änderung der Vergütung bei Änderung der Preisermittlungsgrundlagen“). Insbesondere sind die gesamte VOB/B und die VOL/B zu benennen, die „Allgemeine Vertragsbedingungen für die Ausführung von Bau-/Lieferleistungen“ enthalten. Zivilrechtliche Bedeutung für den Inhalt des Vertrages hat schließlich auch die VOB/C. In den allgemeinen technischen Vertragsbedingungen wird letztlich das vertragliche Bausoll festgelegt und die VOB/C enthält mit ihren Normen die Grundlagen für die sogenannte vertragliche Beschaffenheitsvereinbarung.

III. Die Historie des Vergaberechts

Historisch wurde das Vergaberecht für Kommunen einheitlich in Deutschland erstmals mit dem Erlass der VOB 1926 und kurz darauf der VOL im größeren Rahmen normiert und mit relativ wenigen Änderungen bis weit in das 20. Jahrhundert angewendet. Natürlich erfolgt die Anwendung auch heute immer noch, das Attribut der relativ wenigen Änderungen kann allerdings keine Geltung mehr beanspruchen. Wirft man den Blick zurück in die Geschichte, so kann als ein auch heute noch prägendes Element des deutschen Vergaberechts festgehalten werden, dass das Kooperationsprinzip zwischen den Beteiligten eine herausragende Bedeutung hat. Dies spiegelt sich auch heute in der Arbeit der Vergabe- und Vertragsausschüsse wider, die VOB, VOL und VOF unter Einbeziehung aller beteiligten Kreise (hier kommt der Gedanke der technischen Normausschüsse zum Tragen) nach dem Vorbild eines „Runden Tisches“ erarbeiten. Dies dient nicht zuletzt der Stärkung des fachlichen Ansatzes bei den genannten vergaberechtlichen Vorschriften.

IV. Der Einfluss des europäischen Vergaberechts

Mit dem Erlass der Vergaberichtlinien der EU erlangten wettbewerbsrechtliche und gemeinschaftsrechtliche Aspekte eine zunehmend größere Bedeutung. Einen Einschnitt stellte das Inkrafttreten des 4. Abschnittes des Gesetzes gegen Wettbewerbsbeschränkungen (GWB) zum 1.1.1999 dar. Damit wurde der traditionelle verwaltungsinterne Ansatz des deutschen Vergaberechts unter dem Einfluss des europäischen Gemeinschaftsrechts teilweise aufgegeben. Neben den wirtschaftlichen Grundfreiheiten des primären Gemeinschaftsrechts gelten für die öffentliche Auftragsvergabe seit den 70er-Jahren auch sekundärrechtliche Vorgaben. Seit Mitte der 90er-Jahre regelten vier Richtlinien die Rahmenbedingungen der Auftragsvergabe: die Baukoordinierungsrichtlinie,[2] die Lieferkoord inierungsrichtlinie,[3] die Dienstleistungskoordinierungsrichtlinie[4] und die Sektorenrichtlinie[5]. Diese Richtlinien definierten den Begriff des öffentlichen Auftraggebers und gliederten das Vergabeverfahren detailliert in vier Abschnitte (Verfahrenswahl, Bekanntmachung, Eignungsprüfung und Zuschlag). In den Anwendungsbereich der Richtlinien fielen jedoch nicht sämtliche öffentliche Aufträge. Europaweite Ausschreibungen waren und sind in den jetzt geltenden Vergabekoordinierungsrichtlinien der EU erst vorgeschrieben, wenn die in den Richtlinien festgesetzten Schwellenwerte erreicht werden. Ziel des europäischen Vergaberechts ist die Verwirklichung des Binnenmarktes. Ihr Verdienst ist es, eine gewisse Standardisierung inzwischen in allen Mitgliedsstaaten der EU durchgesetzt zu haben. Der Erfüllung ihres eigentlichen Primärzwecks, der Erleichterung und Verbreiterung von grenzüberschreitenden Vergaben, wurden sie aber in nur sehr beschränktem Umfang gerecht. Die Aussagen von EuroStat, der Kommission der Europäischen Gemeinschaften und anderen Beteiligten gehen hier doch deutlich auseinander. Die Spannbreite der Schätzungen bewegt sich zwischen 2 und 8 % von Aufträgen, die über die Binnenmarktgrenzen hinweg vergeben werden. Nach einem Gutachten im Auftrag des Bundesministeriums für Wirtschaft und Technologie aus dem Jahr 2008 kommen nur in 2,6 % der Angebote bei EU-weiten Ausschreibungen aus dem europäischen Ausland. Aufgrund der inzwischen jahrelangen Anwendung des europäischen Vergaberechts erscheint es daher zweifelhaft, ob derart detaillierte europäische Verfahrensvorschriften wirklich gerechtfertigt sind. Auch bei einer besseren Beachtung des Grundsatzes der Subsidiarität und einer Stärkung der nationalen Vergaberechtsordnungen würde die Bilanz hinsichtlich der erreichten grenzüberschreitenden Vergaben wohl kaum negativer ausfallen.

2 Richtlinie 93/37/EWG des Rates vom 14.6.1993.

3 Richtlinie 93/36/EWG des Rates vom 14.6.1993.

4 Richtlinie 92/50/EWG des Rates vom 18.6.1992.

5 Richtlinie 93/38/EWG des Rates vom 14.6.1993.

V. Verrechtlichung des EU-Vergaberechts

Bei allen Aufträgen oberhalb der EU-Schwellenwerte hat sich das Verhältnis zwischen Kommunen und Auftragnehmern seit 1999 grundlegend geändert; es wird durch zunehmende Verrechtlichung und Nachprüfungsverfahren charakterisiert. Nahezu 10.000 Verfahren vor Vergabekammern und Oberlandesgerichten wurden seitdem von den Bietern gegen öffentliche Auftraggeber durchgeführt. Ursache hierfür ist die Entwicklung eines ausgefeilten primärrechtschutzlichen Systems. Die Vergaberichtlinien sehen die Einräumung von subjektiven Rechten der Bieter vor. Zur Durchsetzung dieser Rechte wurden die Rechtsmittelrichtlinien erlassen, nach denen die Mitgliedsstaaten ein formelles Nachprüfungsverfahren für die Einhaltung des Verfahrens der Vergabe öffentlicher Aufträge einzurichten haben. Als Mindeststandards wurden u. a. die Gewährung von einstweiligem Rechtsschutz, die Möglichkeit der Aufhebung rechtswidriger Vergabeentscheidungen und die Gewährung von Schadensersatz festgelegt. Diese, in Deutschland durch das Vergaberechtsänderungsgesetz eingeführte, sogenannte kartellrechtliche Lösung führte auch zu einer Zweiteilung des Vergaberechts. Das Vergaberecht der § 97 ff. GWB ist nach § 100 Abs. 1 GWB i. V. m. § 2 der Vergabeverordnung nur auf Vorhaben mit Beträgen mit bestimmten Schwellenwerten anwendbar, die sich nach den gemeinschaftlich-rechtlichen Schwellenwerten richten. Für Vergaben unterhalb dieser Schwellenwerte verbleibt es dagegen bei der früheren, haushaltsrechtlich geprägten Rechtslage. Daraus ergeben sich erhebliche Unterschiede hinsichtlich der Frage, ob potenzielle Auftragnehmer subjektive Rechte innehaben und welchen Rechtsschutz sie genießen. Zur Zeit werden z. B. ca. 12 % aller EU-weit ausgeschriebenen Vergabeverfahren nach der VOB/A Gegenstand eines Nachprüfungsverfahrens. Diese Nachprüfungsverfahren werden nach den Bestimmungen der § 102 ff. GWB durchgeführt. Zur Nachprüfung sind zunächst die nach § 104 GWB auf Bundes- und Landesebene einzurichtenden Vergabekammern berufen. Diese üben gemäß § 105 Abs. 1 GWB ihre Tätigkeit im Rahmen der Gesetze unabhängig und in eigener Verantwortung aus. Das Nachprüfungsverfahren wird durch Antrag eingeleitet, zu dem gemäß § 107 GWB jedes Unternehmen befugt ist, das ein Interesse an dem Auftrag hat und eine Verletzung in seinen Rechten nach § 97 Abs. 7 GWB geltend macht, durch die ihm ein Schaden entstanden ist oder zu entstehen droht. Nach Zustellung des Antrags darf der Auftraggeber gemäß § 115 Abs. 1 GWB den Zuschlag vor einer Entscheidung der Vergabekammer und dem Ablauf der zweiwöchigen Beschwerdefrist des § 117 Abs. 1 GWB nicht erteilen. Die Vergabekammer untersucht nach § 110 Abs. 1 Satz 1 GWB den Sachverhalt von Amts wegen.

VI. Konsolidierung der Nachprüfungsverfahren?

In der Breite scheint sich die Tendenz zunehmender Nachprüfungsverfahren in gewissem Umfang zu konsolidieren. Die Zahlen der Nachprüfungsverfahren stiegen in den Jahren 2005 und 2006 tendenziell nicht mehr an. Die grundlegenden Entscheidungen des Bundesverfassungsgerichts vom 13.6.2006[6] und des Bundesverwaltungsgerichts vom 2.5.2007[7] zur Ablehnung des Verwaltungsrechtswegs im Unterschwellenbereich führen das Vergaberecht wieder mehr zu seinem haushaltsrechtlichen Kern eines möglichst wirtschaftlichen, sparsamen und fairen Beschaffungsprozesses zurück. Die Wirkungen des Primärrechtsschutzes und des förmlichen Nachprüfungsverfahrens insgesamt sind ambivalent. Als positiv hervorzuheben ist die gewisse Konsolidierung des Vergaberechts. Die überwiegend sachgerechte Spruchpraxis von Vergabekammern und Vergabesenaten hat Schlüsselrechtsfragen inzwischen hinreichend geklärt.

Freilich könnte dieser Effekt noch besser sein, wenn die Vergabesenate der Oberlandesgerichte häufiger von ihrem Recht zur Vorlage von Verfahren an den Bundesgerichtshof Gebrauch machen würden. Positiv ist auch, dass Vergaberecht bei allen öffentlichen Auftraggebern, gerade auch bei den Kommunen, inzwischen in gebührendem Maße ernst genommen wird. Auf der anderen Seite stehen auch deutliche negative Auswirkungen. Sowohl die Kosten als auch die zeitlichen Belastungen für die öffentlichen Auftraggeber sind enorm gestiegen. Und das, obwohl der eigentliche Hauptzweck des Kartellvergaberechts m. E. bis heute kaum nachweisbar ist. Dieses sollte nämlich idealerweise zu mehr Wirtschaftlichkeit im Vergabeprozess und zu mehr Wettbewerb führen. Dies erscheint kaum nachweisbar, z. B. angesichts vieler auch sachfremder Vergleiche und Absprachen im Zusammenhang mit Nachprüfungsverfahren. Gerade bei größeren Projekten kommt es immer wieder zu etwas dubiosen Einigungen zwischen Antragstellern und Beigeladenen im Nachprüfungsverfahren, Rechts- und Verfahrenspositionen werden schlicht abgekauft mit der Folge von Mehrkosten für Auftraggeber und damit alle Steuerzahler. Hier scheint die Politik nach wie vor gefordert, solchen missbräuchlichen Tendenzen stärker durch Änderungen des Verfahrensrechtes des GWB zu begegnen. Um es mit den Worten des Bundesverfassungsgerichtes zu sagen: „Je weiter die Rechtsschutzmöglichkeiten der erfolglosen Bieter ausgedehnt werden, desto eher können sowohl die öffentlichen Interessen, denen die Erfüllung des vergebenen Auftrags letztlich

6 BVerfG, Entscheidung vom 13.6.2006 – 1BVR1160/03.

7 BVerwG, Entscheidung vom 2.5.2007 – 6B10.07.

dienen soll, als auch die Interessen des erfolgreichen Bieters behindert oder sogar vereitelt werden. Aufgrund des zeitlichen und sachlichen Aufwandes, den ein Nachprüfungsverfahren erfordert, kann zudem die Wirtschaftlichkeit der Vergabe leiden. Diese Folgen kann ein solches Verfahren unabhängig davon bewirken, ob sich die Rügen des erfolglosen Bieters letztlich materiell-rechtlich als begründet oder als unbegründet erweisen. Zudem besteht das Risiko, dass der erfolglose Bewerber seine Rechtsschutzmöglichkeiten in sachwidriger oder sogar missbräuchlicher Weise nutzt. Auch dadurch kann die Vergabe unwirtschaftlich und das Beschaffungsziel ganz verfehlt werden."[8]

VII. Abgrenzungsfragen zum Anwendungsbereich des Vergaberechts

Gleichzeitig haben sich an den Randgebieten des Vergaberechts schwierigste Abgrenzungsfragen herausgebildet, die für die Kommunen ganz erhebliche Bedeutung haben. Beispiele hierfür sind die mit der Privatisierung zusammenhängenden Fragen der Inhouse-Vergaben, der kommunalen Zusammenarbeit, der Bau- und Dienstleistungskonzessionen sowie neuerdings von Grundstücksgeschäften bei städtebaulichen Verträgen. Hier besteht noch dringender Klärungsbedarf, um auch für die kommunale Praxis taugliche Lösungen zu finden. Diese Themen werden aber innerhalb des Buches noch in eigenen Beiträgen ausführlich behandelt.

VIII. Zukünftige Entwicklungslinien für das Vergaberecht

Die Bundesregierung wird in diesem Jahr die Vorschläge für ein verbessertes und einfacheres Vergaberecht vorlegen. Eine Änderung des 4. Abschnittes des GWB, eine Vergabeverordnung für Sektorenauftraggeber sowie jeweils novellierte VOB, VOL und VOF sind die wichtigsten Bestandteile einer 2. Stufe der Vergaberechtsreform. Als wichtigste Entwicklungslinie für diese 2. Stufe der Vergaberechtsreform ist eine konsequente Weiterentwicklung und Verbesserung des vorhandenen deutschen Vergaberechts festzuhalten. Ein grundlegender Systemwechsel mit unübersehbaren Anpassungsproblemen für die Praxis in Bund, Ländern und Kommunen wurde von der Bundesregierung zu Recht abge-

8 BVerfG, Beschluss vom 13.6.2006 – 1BvR1160/03, Rn. 77.

lehnt. Inzwischen hat das Kabinett der Bundesregierung am 21.5.2008 den Entwurf eines Gesetzes zur Modernisierung des Vergaberechts beschlossen und auf den Gesetzgebungsweg gebracht. Dieser Entwurf enthält für viele der in diesem Beitrag erwähnten Probleme wichtige Lösungsansätze. Das Gesetzgebungsverfahren und die für die Praxis mindestens ebenso wichtigen anstehenden Novellen von VOB, VOL und VOF bieten die Gelegenheit, im Jahr 2008 dem deutschen Vergaberecht eine konsolidierte Basis zu verschaffen, die im Sinne der anwendenden Praxis hoffentlich die Chance hat, sich auf viele Jahre hinaus als eine sichere Grundlage für das öffentliche Beschaffungswesen zu erweisen.

Das Vergaberecht aus Sicht der Städte und Gemeinden

*Norbert Portz**

I. Auftragsvolumen – Aufteilung und neue EU-Schwellenwerte
   1. Auftragsvolumen auf EU- und nationaler Ebene
   2. Aufteilung der Aufträge auf die einzelnen öffentlichen Auftraggeber
   3. Schwergewicht bei Aufträgen im nationalen Bereich

II. Vergaberecht unterhalb der EU-Schwellenwerte
   1. Bundesverfassungsgericht: Kein Primärrechtsschutz für Unterschwellenvergaben
   2. Vergaberecht unterhalb der EU-Schwellenwerte: Reines Haushaltsrecht
   3. Bundesverwaltungsgericht: Vergaberecht ist Privatrecht

III. Aktuelle Entwicklungen im Vergaberecht
   1. Ausschreibungspflicht für Investorenauswahlverfahren
      a. Die Entscheidungen des Oberlandesgerichts Düsseldorf
      b. Richtige Vergabeart
      c. Gefahr der Nichtigkeit bei Ausschreibungsverstoß
      d. Größere Freiheiten unterhalb der EU-Schwellenwerte
   2. Sachverhalte einer nicht gegebenen Ausschreibungspflicht
      a. Grundstücksverkauf ohne Bauverpflichtung
      b. Angebotsbebauungsplan
      c. Einzelbauvorhaben

IV. Interkommunale Zusammenarbeit und Vergaberecht
   1. Vergaberechtsfreiheit bei Inhouse-Geschäft
   2. Übertragung von Aufgaben auf kommunalen Zweckverband

V. Vergabeart/Kommunale Freigrenzen
   1. Offenes Verfahren hat Vorrang
   2. Vergabefreigrenzen für Kommunen

* Norbert Portz ist tätig beim Deutschen Städte- und Gemeindebund in Berlin.

I. Auftragsvolumen – Aufteilung und neue EU-Schwellenwerte

1. Auftragsvolumen auf EU- und nationaler Ebene

Jährlich werden in Europa für ca. 1,5 Millionen € öffentliche Aufträge im Liefer-, Bau- und Dienstleistungsbereich vergeben. Auf Deutschland bezogen vergeben die öffentlichen Hände, also Bund, Länder und Kommunen, gemeinsam jedes

Jahr für ca. 250 bis 300 Milliarden € öffentliche Aufträge für ihre Infrastrukturen.

Mit einem Anteil von immerhin 12 bis 15 % am Bruttoinlandsprodukt kommt damit dem Anteil der öffentlichen Auftragsvergabe an der gesamtwirtschaftlichen Leistung in Europa und auch in Deutschland ein nicht zu unterschätzender Stellenwert zu.

2. Aufteilung der Aufträge auf die einzelnen öffentlichen Auftraggeber

Im Vergleich zu Bund und Ländern sind die Kommunen mit ca. zwei Drittel aller vergebenen Aufträge die mit Abstand größten öffentlichen Auftraggeber bei der Vergabe von Bau-, Liefer- und Dienstleistungen. Den von den über 12.000 Städten, Gemeinden und Kreisen in Deutschland vergebenen Aufträgen müssen auch die Auftragsvergaben der kommunalen Einrichtungen, wie z. B. der vielen Stadtwerke, hinzugerechnet werden. Der große kommunale Anteil an dem Auftragsvolumen ist aber nicht nur quantitativ von Belang. Auch in rechtspolitischer Hinsicht folgt aus der hohen Bedeutung der kommunalen Auftragsvergabe, dass bei Reformen des Vergaberechts der Blick auf die Hauptadressaten, also die Vielzahl der Tausenden und zum Teil sehr kleinteilig strukturierten Städte und Gemeinden und ihrer Mitarbeiter gerichtet werden muss.

3. Schwergewicht bei Aufträgen im nationalen Bereich

Mit Datum vom 1.1.2008 sind die Schwellenwerte für eine erforderliche EU-weite Auftragsvergabe abgesenkt worden: Eine europaweite Ausschreibung im Baubereich (VOB) muss danach seither ab einem geschätzten Schwellenwert (ohne Mehrwertsteuer) von 5,15 Millionen € Gesamtauftragswert erfolgen. Der maßgebliche EU-Schwellenwert für die Kommunen im Liefer- und Dienstleistungsbereich (VOL und VOF) beträgt seit dem 1.1. dieses Jahres 206.000 € und der Schwellenwert für die sogenannten Sektorenauftraggeber 412.000 €.

Im Kommunalbereich entfallen von der Zahl her über 95 % aller Aufträge auf Vergaben unterhalb der EU-Schwellenwerte. Insoweit lässt sich feststellen, dass die zum Teil auch mit großer Heftigkeit geführte Diskussion über bestimmte EU-rechtliche Themen nicht unbedingt mit der täglichen Praxis der Auftragsvergabe in den Städten und Gemeinden übereinstimmt.

II. Vergaberecht unterhalb der EU-Schwellenwerte

1. Bundesverfassungsgericht: Kein Primärrechtsschutz für Unterschwellenvergaben

Das Bundesverfassungsgericht hat in einer Grundsatzentscheidung vom 13.6.2006 festgestellt, dass der nicht gegebene Primärrechtsschutz für all die Vergaben, die unterhalb der EU-Schwellenwerte stattfinden, mit dem Grundgesetz, also insbesondere mit Art. 19 Abs. 4 GG (Rechtsschutzgarantie), und mit Art. 3 GG (Gleichbehandlungsgrundsatz) vereinbar ist. Insofern liege kein Verstoß darin, dass der Primärrechtsschutz, mit dem den Unternehmen ein vor den Nachprüfungsinstanzen (Vergabekammern und Vergabesenate) nachprüfbarer Rechtsschutz auf die Einhaltung ordnungsgemäßer Vergabeverfahren (subjektiver Rechtsschutz) eingeräumt worden sei, nur für Auftragsvergaben oberhalb der EU-Schwellenwerte gelte.

Dies hat das BVerfG u. a. damit begründet, dass es sich bei den Unterschwellenvergaben um einen sogenanntes „Massenphänomen" handele. Daher sei es sachlich zu rechtfertigen, dass es in Deutschland oberhalb und unterhalb der EU-Schwellenwerte einen unterschiedlichen Rechtsschutz gebe.

2. Vergaberecht unterhalb der EU-Schwellenwerte: Reines Haushaltsrecht

Die Rechtsvorschriften der VOB/A und der VOL/A sind bei Vergaben unterhalb der EU-Schwellenwerte reine interne Verwaltungsvorschriften, deren Rechtsgeltung auf dem Haushaltsrecht beruht. Sie können daher – wie auch der Bundesgerichtshof mehrfach festgestellt hat – grundsätzlich nur mittelbar Ersatzansprüche dann begründen, wenn gegen das Vergaberecht verstoßen worden ist. Als ein derartiger – sekundärrechtlicher – Schadensersatzanspruch kommt insbesondere das Rechtsinstitut der „culpa in contrahendo" (Verschulden bei Vertragsverhandlungen) in Betracht.

Darüber hinaus kann ein Bieter bei Rechtsverstößen gegen das Vergaberecht unterhalb der EU-Schwellenwerte vor dem Vertragsschluss auch eine einstweilige Verfügung gemäß § 935 ZPO gegen eine drohende rechtswidrige Vergabe erwirken.

3. Bundesverwaltungsgericht: Vergaberecht ist Privatrecht

Das Bundesverwaltungsgericht hat in einer grundlegenden Entscheidung vom 2.5.2007 die bis dahin sowohl in der Rechtsprechung als auch in der Literatur umstrittene Frage beantwortet, ob das Vergaberecht, insbesondere wegen der Zugrundelegung der sogenannten „Zwei-Stufen-Theorie" zumindest teilweise dem öffentlichen Recht, oder aber insgesamt dem Privatrecht zuzuordnen sei.

Das BVerwG hat das Vergabeverfahren in seinem kompletten Ablauf als einheitlichen Rechtsakt angesehen, der insgesamt dem Privatrecht unterliege.

Folge dieser richtigen Entscheidung ist, dass bei Vergaben unterhalb der EU-Schwellenwerte grundsätzlich der Zivilrechtsweg vor den Landesgerichten mit den beiden maßgeblich hier zum Tragen kommenden Rechtsschutzmöglichkeiten der einstweiligen Verfügung (vor Vertragsschluss) und des Schadensersatzes (grundsätzlich: nach Vertragsschluss) zum Tragen kommt.

III. Aktuelle Entwicklungen im Vergaberecht

1. Ausschreibungspflicht für Investorenauswahlverfahren

a. Die Entscheidungen des Oberlandesgerichts Düsseldorf

Die drei Entscheidungen des Oberlandesgerichts Düsseldorf vom 13.6.2007, vom 12.12.2007 sowie vom 6.2.2008, mit denen eine Ausschreibungspflicht bei kommunalen Grundstücksveräußerungen, die mit bestimmten städtebaulichen Vorgaben (städtebaulichen Verträgen etc.) verbunden sind, angenommen wurde, bedeuten in der Praxis eine Ausweitung des Vergaberechts auf viele in der Vergangenheit hiervon nicht erfasste Sachverhalte.

Das OLG Düsseldorf geht in den genannten Sachverhalten von einem ausschreibungspflichtigen Vertrag entweder in der Form des Bauauftrags oder aber der Baukonzession aus. Für eine Ausschreibungspflicht ist es dabei nach dem OLG Düsseldorf weder erforderlich, dass der Auftraggeber Eigentum an dem Bauwerk erhält, noch ist ein unmittelbar eigener (körperlicher) Beschaffungsbedarf des Auftraggebers für die Anwendung des Vergaberechts Voraussetzung.

Vielmehr reiche es in der weitesten Alternative des § 99 Abs. 3 GWB (3. Alternative) für eine Ausschreibungspflicht aus, wenn ein Bauwerk eines Dritten gemäß den vom Auftraggeber genannten Erfordernissen realisiert werde.

Insofern genügt es nach dem OLG Düsseldorf insbesondere, dass der Auftraggeber sich die „Verfügbarkeit" eines Bauwerks für einen öffentlichen Zweck rechtlich sichert, in dem er z. B. städtebauliche Aufwertungsmaßnahmen durchführen lässt. Ob eine Bauverpflichtung nach § 99 Abs. 3 GWB, 1. und 2. Alternative erforderlich sei, lässt das OLG Düsseldorf ausdrücklich offen. Jedenfalls sei eine Bauverpflichtung nach der 3. Alternative des § 99 Abs. 3 GWB (Erfüllung von „Erfordernissen“) für die Annahme einer Ausschreibungspflicht nach Auffassung des OLG Düsseldorf nicht notwendig.

Das Oberlandesgericht, das sich mit seiner Rechtsprechung stark auf EuGH-Entscheidungen, insbesondere die Entscheidung des EuGH vom 18.1.2007 („Stadt Roanne“) bezieht, hat in allen drei Entscheidungen trotz einer in der Sache entgegenstehenden Entscheidung des Bayerischen Obersten Landesgerichts aus dem Jahre 2000 von einer Divergenzvorlage an den Bundesgerichtshof (vgl. § 124 GWB) abgesehen. Insofern sei wegen der eindeutigen Entscheidung, insbesondere des EuGH in Sachen „Stadt Roanne“ im Jahre 2007 eine andere rechtliche Bewertung aufgetreten.

b. Richtige Vergabeart

Als richtige Vergabeart wird man zumindest bei komplexen Verfahren zur Investorenauswahl, bei denen die Einzelheiten der Vertragsinhalte noch vorab zwischen den Parteien ausgehandelt werden müssen, das Verhandlungsverfahren mit vorherigem europaweitem Teilnahmewettbewerb bzw. den wettbewerblichen Dialog ansehen müssen.

Demgegenüber kommt in einzelnen Fällen der Investorenauswahl auch ein nicht offenes Verfahren dann zur Anwendung, wenn z. B. die konkrete Bebauung des Grundstücks auf der Grundlage eines detailliert vom Auftraggeber vorgegebenen Nutzungskonzepts zu erfolgen hat und sich das Projekt des Investors hierin unbedingt einzufügen hat. Diese Voraussetzungen wird man tendenziell eher bei sogenannten „Filetgrundstücken“ annehmen können, bei denen es auch eine hinreichende Nachfragesituation auf Investorenseite gibt.

c. Gefahr der Nichtigkeit bei Ausschreibungsverstoß

Der Deutsche Städte- und Gemeindebund hat seinen Kommunen trotz in Einzelfragen bestehen bleibender Zweifel an der Rechtsprechung des OLG Düsseldorf dringend geraten, die dort wiedergegebenen Leitlinien zu beachten. Jedenfalls ist von einer „Augen zu und durch“ Mentalität dringend abzuraten.

Dies gilt auch deswegen, weil eine nicht erfolgte Ausschreibung die Gefahr der Nichtigkeit dennoch abgeschlossener Verträge, insbesondere wegen eines

Verstoßes gegen die Vorabinformationspflicht nach § 13 Vergabeverordnung dann in sich birgt, wenn mehrere Interessenten für das jeweilige Projekt vorhanden waren.

d. Größere Freiheiten unterhalb der EU-Schwellenwerte

Rechtlich gilt der weite Bauauftragsbegriff des § 99 Abs. 3 GWB nur bei Vergaben oberhalb der EU-Schwellenwerte. Mithin ist die strenge Rechtsprechung des OLG Düsseldorf für Auftragsvergaben unterhalb der EU-Schwellenwerte wegen des hier allein zugrunde zu legenden anderen Bauauftragsbegriffs in § 1 VOB/A nicht ohne weiteres übertragbar.

Aber auch bei Vergaben unterhalb der EU-Schwellenwerte muss die aktuelle Regelung in § 32 Nr. 2 VOB/A beachtet werden, wonach zumindest für die Vergabe von Baukonzessionen die §§ 1 bis 31 VOB/A sinngemäß anzuwenden sind. Allerdings dürfte sich gerade bei komplexen Investorenauswahlverfahren insoweit häufig die Anwendung der freihändigen Vergabe auf der Grundlage von § 3 Nr. 4b VOB/A begründen lassen. Danach ist eine freihändige Vergabe zulässig, wenn die Leistung nach Art und Umfang vor der Vergabe nicht eindeutig und erschöpfend festgelegt werden kann.

2. Sachverhalte einer nicht gegebenen Ausschreibungspflicht

Auf der Grundlage der Rechtsprechung des Oberlandesgerichts Düsseldorf wird man von einer nicht erforderlichen Ausschreibung bei kommunalen Immobiliengeschäften wegen der fehlenden „Bauherrenschaft" der Kommune als Auftraggeber insbesondere in folgenden Sachverhalten ausgehen können:

a. Grundstücksverkauf ohne Bauverpflichtung

Erfolgt ein Grundstücksverkauf der Kommune ohne jegliche Bauverpflichtung bzw. ohne Vorgabe von Erfordernissen des Auftraggebers, liegt kein ausschreibungspflichtiger Sachverhalt vor.

Allerdings ist auch in diesem Fall der Grundstücksverkauf schon wegen der Vorgaben des Gemeindewirtschaftsrechts an wirtschaftlichen und haushaltsrechtlichen Vorgaben zu orientieren. Dies beinhaltet insbesondere, dass durch einen transparenten Wettbewerb beim Grundstücksverkauf für eine sparsame und wirtschaftliche Haushaltsführung Sorge getragen wird.

b. Angebotsbebauungsplan

Auch im Falle, dass bereits ein Bebauungsplan der Gemeinde besteht und anschließend auf dieser Grundlage eine Grundstücksveräußerung ohne Bauverpflichtung und ohne jegliches Rücktritts- oder Wiederkaufsrecht etc. vorgenommen wird, wird man eine Ausschreibungspflicht ablehnen müssen. Dies gilt genauso für die Fälle, in denen eine Baugenehmigung sich in das bestehende „Rechtsraster“ einfügt und etwa auf der Grundlage des § 31 oder § 34 BauGB ohne Bauverpflichtung erteilt wird.

c. Einzelbauvorhaben

Nach der Entscheidung des Oberlandesgerichts Düsseldorf vom 6.2.2008 ist auch die Errichtung eines auf einen einzelnen Unternehmenszweck begrenztes Einzelbauvorhabens, das keiner Verwirklichung einer wirtschaftlichen bzw. städtebaulichen Funktion etc. dient, nicht der Ausschreibungspflicht unterworfen. Das Problem bei dieser Sachverhaltsalternative dürfte allerdings in der Praxis die schwierige Abgrenzung sein, da man auch bei derartigen Einzelbauvorhaben mit immerhin einem Mindestwert von 5.150 Millionen € grundsätzlich von einer städtebaurechtlichen Relevanz für die Kommune (s. insoweit auch den weiten Katalog städtebaulicher Belange in § 1 Abs. 5 BauGB) ausgehen muss.

IV. Interkommunale Zusammenarbeit und Vergaberecht

1. Vergaberechtsfreiheit bei Inhouse-Geschäft

Nach den gegenwärtigen EU-rechtlichen Vorgaben ist die interkommunale Zusammenarbeit bei Vorliegen eines sogenannten Inhouse-Geschäfts vergaberechtsfrei. Von einem derartigen Inhouse-Geschäft kann regelmäßig dann ausgegangen werden, wenn auf der Grundlage der EuGH-Rechtsprechung („Teckal“ etc.) folgende zwei Voraussetzungen vorliegen:

- Der Auftraggeber muss über die von ihm „beauftragte“ Einrichtung eine Kontrolle haben wie über seine eigenen Dienststellen: Hiervon wird man regelmäßig nur bei einer kompletten, also einer 100 %igen Kontrolle des Auftraggebers ausgehen können. Eine auch nur minderheitliche private Beteiligung, etwa an einer gemischtwirtschaftlichen Gesellschaft, verhindert damit

das Kontrollkriterium und damit auch das Inhouse-Geschäft (s. EuGH vom 11.1.2005 „Stadt Halle“);
- die Einrichtung muss zusätzlich im Wesentlichen für den Auftraggeber bzw. die Auftraggeber, der oder die sie beherrscht oder beherrschen, tätig werden. Dies ist jedenfalls nicht der Fall, wenn etwa eine kommunale Abfallentsorgungsgesellschaft, die zwar von der Kommune zu 100 % als Eigengesellschaft beherrscht ist, im nennenswerten Umfang aber noch auf Drittmärkten, also außerhalb der Kommunen tätig wird und dort Abfallentsorgungsleistungen im Wettbewerb mit privaten Dritten erbringt.

2. Übertragung von Aufgaben auf kommunalen Zweckverband

Eine interkommunale Übertragung einer kommunalen Aufgabe, etwa im Bereich der Abfallentsorgung, auf einen rein kommunal getragenen Zweckverband ist grundsätzlich als vergaberechtsfreie Eigenleistung im Sinne eines Inhouse-Geschäfts anzusehen. Dies ist sowohl in einer Entscheidung des Oberlandesgerichts Düsseldorf vom 21.6.2006 als auch grundsätzlich in einer entsprechenden Verlautbarung der EU-Kommission vom 21.3.2007 festgestellt worden. Grund ist u. a., dass in der interkommunalen Übertragung einer Aufgabe auf einen Zweckverband eine vollständige Übertragung, also eine Delegation, gesehen wurde, die als innerorganisatorischer Akt dem Vergaberechtsregime entzogen ist.

Umgekehrt wird aber eine Vergaberechtspflichtigkeit immer dann angenommen, wenn eine Gemeinde auf eine andere Gemeinde auf der Grundlage einer öffentlich-rechtlichen Vereinbarung nach den Landesgesetzen über kommunale Gemeinschaftsarbeit eine Aufgabe (z. B.: Abfallentsorgung) überträgt und die diese Aufgabe übernehmende Kommune für die andere Kommune in fremdem Namen tätig wird (mandatierende Vereinbarung).

Die kommunalen Spitzenverbände fordern jedoch über die dargelegte Abgrenzung hinaus eine Vergaberechtsfreiheit für jegliche Form der interkommunalen Zusammenarbeit, weil es sich insoweit insgesamt um einen internen Organisationsakt der Kommunen handele.

V. Vergabeart/Kommunale Freigrenzen

1. Offenes Verfahren hat Vorrang

Aus Wettbewerbsgründen besteht innerhalb der drei Verfahrensarten (Offenes Verfahren/Nichtoffenes Verfahren/Verhandlungsverfahren und Wettbewerblicher Dialog bzw. Offene, Beschränkte und Freihändige Vergabe) in Deutschland ein Vorrang für das Offene Verfahren und für die Öffentliche Ausschreibung. Demgegenüber beinhaltet das EU-Recht eine grundsätzliche Gleichstellung zwischen dem Offenen Verfahren und dem Nichtoffenen Verfahren.

2. Vergabefreigrenzen für Kommunen

Es ist zu beobachten, dass unterhalb der EU-Schwellenwerte die Vergabefreigrenzen zur Anwendung der Beschränkten und Freihändigen Vergabe für die Städte, Gemeinden und Kreise in vielen Bundesländern angehoben worden sind.

So hat es die Landesregierung in Nordrhein-Westfalen den Kommunen erlaubt, eine Beschränkte Vergabe im Tiefbaubereich bis zu 300.000 € durchzuführen.

Weitergehend hat z. B. die Hessische Landesregierung den Kommunen die Anwendung einer Freigrenze für Freihändige Vergaben bei der VOB bis zu einem Auftragswert von 50.000 € je Fachlos/Gewerk ermöglicht und für den VOL-Bereich immerhin eine Freigrenze von bis zu 20.000 € je Auftrag für Freihändige Vergaben zugelassen.

VI. Eignungsprüfung/Gewerbezentralregister/Präqualifikationsverfahren

1. Spätere Anforderung von Eignungsnachweisen möglich

Ebenso wie das EU-Recht (Art. 51 der EU-Vergabekoordinierungsrichtlinie) lässt auch das nationale Vergaberecht (s. § 8 Nr. 3 Abs. 4 VOB/A) unter bestimmten Voraussetzungen eine spätere Anforderung von Eignungsnachweisen durch den Auftraggeber gegenüber den Bietern zu. Eine derartige spätere Anforderung sollte schon deswegen in jedem Einzelfall geprüft werden, um damit für die Bieter oftmals zeitlich nicht einhaltbare Vorgaben, die insbesondere mit einer kompletten Einreichung von Eignungsnachweisen bereits mit dem Angebot verbunden sind, zu vermeiden.

2. Nachweis durch Eigenerklärungen prüfen

Auch das Abverlangen von Eigenerklärungen durch den Auftraggeber gegenüber den Bietern kann im Einzelfall eine erhebliche Erleichterung für das Vergabeverfahren darstellen. Mit diesen Eigenerklärungen kann der Bieter seine Eignung im Bereich der Fachkunde, der Leistungsfähigkeit und der Zuverlässigkeit nachweisen. Eigenerklärungen empfehlen sich insbesondere dann, wenn es aus Auftraggebersicht, etwa wegen der Geringfügigkeit eines Projektanteils, nicht auf die Vorlage detaillierter Eignungsnachweise gegenüber den öffentlichen Stellen ankommt.

3. Gewerbezentralregister

Die in der Vergangenheit von den Bietern beizubringenden Auszugsnachweise aus dem Gewerbezentralregister sind auf der Grundlage eines Erlasses des Bundesbauministeriums aus dem Jahr 2007 im VOB-Bereich grundsätzlich durch die Möglichkeit zur Abgabe von Eigenerklärungen der Unternehmer ersetzt worden.

Hiermit verbunden ist, dass ab einer Auftragssumme von 30.000 € die Auftraggeber für den Bieter, der den Zuschlag erhalten soll, die Auskunft aus dem Gewerbezentralregister (www.bundesjustizamt.de) anfordern müssen.

4. Präqualifikationsverfahren

Das in § 8 Nr. 3 Abs. 2 VOB/A angesprochene Präqualifikationsverfahren führt bei den präqualifizierten Unternehmern dazu, dass diese nicht mehr in jedem Einzelfall ihre Eignungsnachweise gegenüber den Auftraggebern vorlegen müssen, sondern insoweit auf den Eintrag in die Präqualifikationsliste (www.pq-verein.de) verweisen können. Die jeweiligen Eintragungen in die Präqualifikationslisten hat auch der Auftraggeber zu berücksichtigen.

Allerdings hat die Einführung des Präqualifikationsverfahrens in der Praxis, insbesondere bei der Bauwirtschaft, nicht zu der notwendigen Akzeptanz geführt, so dass sich bisher insgesamt relativ wenig Bauunternehmer haben präqualifzieren lassen.

VII. Richtige Wertung und Formstrenge des Vergabeverfahrens

1. Vier Wertungsphasen beachten

Für ein ordnungsgemäßes Vergabeverfahren sehr wesentlich ist die ordnungsgemäße Beachtung der vier Wertungsphasen:

- Formelle Ordnungsgemäßheit der Angebote,
- Eignungsprüfung (auf der Ebene der Wertung ausschließlich bei Offenen Verfahren und öffentlichen Ausschreibungen, da bei Nichtoffenen Verfahren/ Verhandlungsverfahren und insbesondere bei Beschränkten und Freihändigen Verfahren die Eignungsprüfung bereits mit der Aufforderung zur Abgabe des Angebots durchgeführt wird),
- Ausschluss unangemessen hoher und unangemessen niedriger Angebote,
- Zuschlagserteilung auf das wirtschaftlichste Angebot.

2. Gewichtung und Bekanntmachung der Zuschlagskriterien

Der Gewichtung und Bekanntgabe der Zuschlagskriterien kommt in der Rechtsprechung und damit auch in der Praxis eine immer größere Bedeutung zu. Hat der Auftraggeber eine Gewichtung vorgenommen, muss er diese grundsätzlich auch mitsamt der Unterkriterien, den Bietern vor der Angebotsabgabe (Bekanntmachung/Verdingungsunterlagen) mitteilen.

Ein Verstoß hiergegen ist gleichzeitig ein Verstoß gegen einen transparenten und gleichberechtigten Wettbewerb und kann daher von Bietern mit einem Nachprüfungsverfahren angegriffen werden.

3. Fehlende Erklärungen führen zum Angebotsausschluss

Fehlende Erklärungen sowie Einheitspreise und Nachunternehmerangaben bei Bieterangeboten führen nach der stringenten und formstrengen Rechtsprechung des Bundesgerichtshofs zwingend zum Ausschluss der jeweiligen Angebote.

Einen Spezialfall zur Problematik des Angebotsausschlusses beinhaltet die Änderung einer Bietergemeinschaft nach Angebotsabgabe. Hat insofern etwa eine aus drei Mitgliedern bestehende Bietergemeinschaft sich dadurch verändert, dass nach der Angebotsabgabe ein Mitglied dieser Bietergemeinschaft insolvent wird, dürfte dennoch ein Ausschluss nicht zwingend sein. Vielmehr kann nach der richtigen Rechtsprechung des Oberlandesgerichts Celle eine

Bietergemeinschaft trotz Ausscheidens eines Mitglieds, etwa wegen Insolvenz, fortbestehen.

Jedoch muss in diesen Fällen einer erfolgten Änderung in der Zusammensetzung der Bietergemeinschaft eine Neuprüfung der Eignung dieser „veränderten Bietergemeinschaft" erfolgen.

Ein zwingender Ausschluss eines Angebots dürfte jedoch dann gegeben sein, wenn ein Bieter gleichzeitig als Einzelbieter und als Mitglied einer Bietergemeinschaft ein Angebot abgibt. Der zwingende Ausschluss rührt hier aus einem Wettbewerbsverstoß, der in der beiderseitigen Kenntnis dieses Bieters vom jeweils anderen Angebot begründet wird.

4. Ausschluss von Angeboten mit Mischkalkulationen

Angebote, die sogenannte Mischkalkulationen, also Auf- und Abpreisungen innerhalb eines Gesamtangebots an verschiedenen Positionen (Einzelpreise) enthalten, sind nach der Rechtsprechung des Bundesgerichtshofs zwingend auszuschließen.

Eine Ausnahme besteht jedoch dann, wenn die Aufklärung des geringen Einheitspreises dazu führt, dass sich dieser Preis, etwa weil der Unternehmer diese Position (Bodenaushub) noch gewinnbringend anders einsetzen kann, in der Sache als richtig erweist.

5. Eigene Allgemeine Geschäftsbedingungen: Ausschluss

Eigene Allgemeine Geschäftsbedingungen, die der Bieter seinem Angebot beifügt, führen zwingend zum Angebotsausschluss. Grund ist, dass es in diesen Fällen nicht zu zwei sich deckenden Willenserklärungen zwischen den Vorgaben des Auftraggebers in den Verdingungsunterlagen und dem Angebot des Bieters kommt. Ein Vertragsschluss ist damit nicht möglich, so dass das Angebot auszuschließen ist.

6. Nebenangebote: Mindestanforderungen des Auftraggebers erforderlich

Bei europaweiten Auftragsvergaben darf ein Auftraggeber die von ihm zugelassenen Nebenangebote nur dann werten, wenn sie die von ihm vorgegebenen Mindestanforderungen erfüllen. Auch wenn es zur genauen Konkretisierung dieser „Mindestanforderungen" noch keine höchstrichterliche Rechtsprechung des Bundesgerichtshofs gibt, ist hier Pragmatismus angesagt, will man nicht die Zulassung von Nebenangeboten erschweren.

Es dürfte daher für die Wertung von Nebenangeboten ausreichen, wenn ein Auftraggeber als „Mindestanforderungen" bestimmte und aus seiner Sicht unbedingt einzuhaltende (rechtliche oder tatsächliche) Eckpunkte aus seiner Leistungsbeschreibung auch als Mindestanforderungen für die zugelassenen Nebenangebote vorgibt.

VIII. Folgen der Formstrenge

1. Gefahr einer unwirtschaftlichen Vergabe

Infolge der Rechtsprechung des Bundesgerichtshofs und des dadurch bewirkten Ausschlusses einer Vielzahl von rein formell fehlerhaften Angeboten ist in der Folge durchaus die Gefahr einer unwirtschaftlichen Vergabe gegeben. Nicht unbedingt der wirtschaftlichste Bieter, sondern derjenige Bieter, der die formellen Kriterien des Vergaberechts exakt eingehalten hat, erhält den Zuschlag. Hier ist im Zuge der Reform des Vergaberechts eine größere Flexibilität erforderlich, die insbesondere darin bestehen kann, dass die bei der Angebotsabgabe fehlenden Erklärungen von Bietern noch innerhalb einer bestimmten Frist nachgereicht werden können.

2. Höhere Freiheiten bei Unterschwellenvergaben

Eine Folgerung der Formstrenge des Vergaberechts ist insbesondere die bereits oben angesprochene Tendenz in verschiedenen Bundesländern, den Kommunen hohe Spielräume (Freigrenzen) für ihre Beschränkten und Freihändigen Vergaben unterhalb der EU-Schwellenwerte einzuräumen.

IX. Aktuelle Entwicklungen auf EU-Ebene

1. Nichtigkeitsklage der Bundesregierung

Gegen die EG-Kommissionsmitteilung vom 23.6.2006 für nicht vom EU-Vergaberecht erfasste Aufträge hat die Bundesregierung – gemeinsam mit anderen

Staaten und dem EU-Parlament – eine Nichtigkeitsklage vor dem EuGH erhoben.

Konkret geht es um die Frage, welche Rechtsqualität der EG-Kommissionsmitteilung von Juni 2006 zukommt und ob die EG-Kommission berechtigt ist, auch für Aufträge unterhalb der EU-Schwellenwerte unter bestimmten Voraussetzungen („Binnenmarktrelevanz") bestimmte Regelungen des EU-Rechts vorzugeben.

2. EU-Primärrecht gilt auch unterhalb der EU-Schwellenwerte

Die EG-Grundsätze der Gleichbehandlung und der Transparenz sowie des diskriminierungsfreien Wettbewerbs (s. Art. 43 und Art. 49 EG-Vertrag) gelten als EU-primärrechtliche Grundsätze auch bei den nicht von den Vergaberichtlinien erfassten Bereichen. Dies betrifft insbesondere den ausdrücklich vom Vergaberecht ausgenommenen Bereich der Dienstleistungskonzessionen (vgl. Art. 17 EU-Vergabekoordinierungsrichtlinie), aber auch die Unterschwellenvergaben. Der Grundsatz der Gleichbehandlung und Transparenz erfordert es, dass bei binnenmarktrelevanten Auftragsvergaben auch hier eine Bekanntmachung erfolgt, die es den Bietern ermöglicht, sich in einem gleichberechtigten Wettbewerb um den Auftrag zu bewerben.

Anders als oberhalb der EU-Schwellenwerte gilt jedoch unterhalb der EU-Schwellenwerte der EU-Primärrechtsschutz mit der Möglichkeit der Bieter, gegen vergaberechtswidrige Entscheidungen des Auftraggebers vor Vergabekammern und Vergabesenaten vorzugehen, nicht.

3. Neue EG-Rechtsmittelrichtlinie

Mit der im EU-Amtsblatt am 20.12.2007 veröffentlichten und neuen EG-Rechtsmittelrichtlinie wird europaweit der Rechtsschutz auf eine einheitliche Grundlage gestellt.

Nach dieser neuen Richtlinie beträgt zukünftig die Stillhaltefrist vor einer Zuschlagserteilung durch den Auftraggeber 15 Kalendertage (bisher: 14 Kalendertage), im Falle der elektronischen Mitteilung zehn Kalendertage.

Auch wird in der neuen Richtlinie eine grundsätzliche Nichtigkeit unzulässiger Freihändiger Vergabe geregelt. Als alternative Sanktionen können jedoch Bußgelder und verkürzte Vertragslaufzeiten verhängt werden.

Die Umsetzung der EG-Rechtsmittelrichtlinie hat bis zum 20.12.2009 in nationales Recht zu erfolgen.

X. Kein Bestandsschutz vergaberechtswidriger Verträge

1. Kein „pacta sunt servanda"

Der Europäische Gerichtshof hat in seiner Entscheidung vom 18.7.2007 (Fall „Braunschweig") entschieden, dass der deutsche Rechtsgrundsatz „pacta sunt servanda" europarechtlich nicht gilt. Vielmehr folgt aus einem unter Verstoß gegen das Vergaberecht geschlossener Vertrag und der hiermit verbundenen Rechtswidrigkeit, dass ein dennoch geschlossener Vertrag jeden Tag in seiner Rechtswidrigkeit fortwirkt.

2. Aufhebungspflicht

Ein Mitgliedsstaat muss demgemäß die erforderlichen Maßnahmen treffen, um diesen fortwirkenden Rechtsverstoß gemäß Art. 228 EG zu beheben. Im Extremfall kann dies nur durch eine Aufhebung bzw. Kündigung des Vertrages erfolgen.

XI. Zehn Kernforderungen des DStGB an die Vergaberechtsnovellierung

Der Deutsche Städte- und Gemeindebund hat zehn Kernforderungen an die Vergaberechtsnovellierung aufgestellt. Diese sind im Folgenden wiedergegeben:

(1) Entbürokratisierung, Investitionsverstärkung, Mittelstandsfreundlichkeit (Wettbewerb, Transparenz, Gleichbehandlung);

(2) Gleiche Regelung (Wortlaut etc.) für gleiche Sachverhalte in VOB, VOL und VOF;

(3) Verzicht auf überbordenden Formalismus (Bsp.: Nachreichungsmöglichkeit für nicht beigefügte Erklärungen);

(4) Keine Ausdehnung des EU-Primärrechtsschutzes auf Unterschwellenvergaben;

(5) Verzicht auf vergabefremde Aspekte;

(6) Gleichstellung von Offenem und Nichtoffenem Verfahren (1:1 Umsetzung des EU-Rechts);

(7) Einführung angemessener Wertgrenzen für Beschränkte und Freihändige Vergaben;

(8) Zulassung kommunaler Einrichtungen als Bieter (Wegfall: § 8 Nr. 6 VOB/A, § 7 Nr. 6 VOL/A);

(9) Kostenerstattung für AG bei Rücknahme des Nachprüfungsantrags des Antragstellers (wie bei „Unterliegen“ eines Beteiligten);

(10) Generelle Vergaberechtsfreiheit interkommunaler Kooperationen.

Die neuere Rechtsprechung des EuGH zum Vergaberecht

*Dr. Daniel Dittert**

I. Einleitung

Das Vergaberecht beschäftigt den Europäischen Gerichtshof (EuGH) Jahr für Jahr in einer ganzen Reihe von Verfahren. Dabei handelt es sich zum einen um sogenannte Vertragsverletzungsverfahren, die die Europäische Kommission in ihrer Eigenschaft als „Hüterin der Verträge" gegen die Mitgliedstaaten anstrengt (Art. 226 ff. EG). Auch Deutschland ist auf diese Weise vom EuGH schon mehrfach wegen Verstoßes gegen die Vergaberechtsvorschriften verurteilt worden. Als Mitgliedstaat muss die Bundesrepublik Deutschland gegenüber der EU auch die Verantwortung für Vergaberechtsverstöße der deutschen Länder und Kommunen übernehmen.[1] Es hat sogar schon ein Zwangsgeldverfahren gegen Deutschland gegeben, weil nach Auffassung der Kommission aus einem Urteil des Gerichtshofs zum Vergabeverhalten der niedersächsischen Gemeinde Bockhorn und der Stadt Braunschweig keine angemessenen Konsequenzen gezogen wurden.[2]

---

* Dr. Daniel Dittert ist Rechtsreferent im Kabinett der Generalanwältin Kokott am EuGH in Luxemburg.

1 Vgl. etwa die Urteile vom 10.4.2003, Kommission/Deutschland (C-20/01 und C-28/01, Slg. 2003, I-3609, betreffend die Abwasserentsorgung in der niedersächsischen Gemeinde Bockhorn und die Müllabfuhr in der Stadt Braunschweig), sowie vom 18.11.2004, Kommission/Deutschland (C-126/03, Slg. 2004, I-11197, betreffend den Vertrag über den Abfalltransport aus dem Entsorgungsgebiet Donauwald zum Heizkraftwerk München-Nord).

2 Urteil vom 18.7.2007, Kommission/Deutschland (C-503/04, Slg. 2007, I-6153), betreffend die Umsetzung des Urteils vom 10.4.2003 (ebenda).

Zum anderen gelangt das Vergaberecht aber auch im Wege des sogenannten Vorabentscheidungsverfahrens zum EuGH (Art. 234 EG). Dieses Verfahren erlaubt es nationalen Gerichten, die mit einem gemeinschaftsrechtlichen Problem befasst sind, den Gerichtshof zur Auslegung des Gemeinschaftsrechts zu befragen. Auf diese Weise ist z. B. der weithin bekannte Vergaberechtsfall Stadt Halle zum EuGH gelangt.[3] Im Vorabentscheidungsverfahren entscheidet der EuGH u. a. über die Auslegung und Gültigkeit der Vergaberechtsrichtlinien und über die Auslegung der Grundfreiheiten des EG-Vertrags, während sodann der nationale Richter die Antwort des EuGH eigenverantwortlich auf seinen jeweiligen Fall zu übertragen hat und daraus in dem bei ihm anhängigen Rechtsstreit die nötigen Konsequenzen zu ziehen hat.

II. Inhouse-Geschäfte

Schwerpunktmäßig hatte sich der EuGH in den Vergaberechtsfällen der letzten Zeit insbesondere mit den sogenannten Inhouse-Geschäften zu befassen.

Ein echtes Inhouse-Geschäft zeichnet sich dadurch aus, dass der öffentliche Auftraggeber keine Fremdvergabe vornimmt, sondern eine bestimmte Aufgabe von eigenen Dienststellen ausführen lässt. So mag etwa eine Gemeinde eine bestimmte Abteilung in ihrer Verwaltung damit „beauftragen", die kommunalen Grünflächen zu pflegen, oder sie mag einen ihrer Mitarbeiter als Parkwächter damit betrauen, die Schranke vor dem Parkplatz des Rathauses zu bedienen. Dieser „Auftrag" des Bürgermeisters an seine nachgeordnete Dienststelle ist kein Auftrag im Sinne des europäischen Vergaberechts, sondern ein rein verwaltungsinterner Vorgang. Dabei hat sich die Gemeinde in völlig legitimer Weise dafür entschieden, eine bestimmte Aufgabe mit eigenen Mitteln wahrzunehmen und nicht auf Dritte zurückzugreifen.[4] Selbstverständlich muss in einem solchen Fall keine Ausschreibung stattfinden, denn es fehlt bereits an einer Vereinbarung zwischen zwei verschiedenen Personen, was die Grundvoraussetzung für die Anwendung des europäischen Vergaberechts wäre.[5]

Schwieriger ist die Sachlage aber bereits dann zu beurteilen, wenn mit einer bestimmten Aufgabe nicht eine klassische kommunale Dienststelle betraut wird,

3 Urteil vom 11.1.2005, Stadt Halle und RPL Lochau (C-26/03, Slg. 2005, I-1).

4 Zum Wahlrecht zwischen Eigenleistung und Fremdvergabe vgl. etwa das Urteil Stadt Halle (ebenda, Rn. 48).

5 Die Definition des öffentlichen Auftrags setzt stets eine Vereinbarung zwischen zwei Personen voraus (Urteil vom 18.11.1999, Teckal, C-107/98, Slg. 1999, I-8121, Rn. 49 und 50 sowie daran anschließend die ständige Rechtsprechung).

sondern eine Einrichtung mit eigener Rechtspersönlichkeit, wie dies etwa für viele Stadtwerke heute zutrifft. In einem solchen Fall scheint es – jedenfalls nach dem Wortlaut der einschlägigen Vorschriften des EG-Vergaberechts – grundsätzlich zu einer Ausschreibungspflicht zu kommen, weil nämlich eine Vereinbarung zwischen zwei verschiedenen Rechtspersonen vorliegt, die der Definition des öffentlichen Auftrags im Sinne des Vergaberechts der EG entspricht.[6]

Der EuGH hat freilich anerkannt, dass nicht in allen solchen Fällen auch tatsächlich ein Vergabeverfahren durchgeführt werden muss. Werden etwa die Stadtwerke, trotz eigener Rechtspersönlichkeit, von der Kommune noch ähnlich wie eine eigene Dienststelle kontrolliert und üben sie ihre Tätigkeit auch im Wesentlichen für diese Kommune aus, so wird eine Ausnahme von der Ausschreibungspflicht angenommen. Diese Ausnahme hat der EuGH in seinem Urteil in der Sache Teckal Ende 1999 erstmals anerkannt[7] und seither in ständiger Rechtsprechung bestätigt.[8] Manchmal wird dafür der Begriff Quasi-Inhouse-Geschäfte verwendet.[9]

Allerdings blieben mit dem Urteil Teckal und den beiden vom EuGH dort aufgestellten Kriterien – auch „Teckal-Kriterien" genannt – noch viele für die Praxis höchst relevante Detailfragen ungeklärt, die auch in den späteren Urteilen bislang nur z. T. beantwortet werden konnten.

Wie verhält es sich beispielsweise, wenn die mit einer bestimmten Aufgabe betrauten Stadtwerke privatrechtlich organisiert sind und etwa als „Stadtwerke-AG" oder „Stadtwerke-GmbH" firmieren? Werden solche Einrichtungen noch im Sinne der Teckal-Rechtsprechung „ähnlich wie eigene Dienststellen" von der jeweiligen Gemeinde kontrolliert? Die Frage scheint mir noch nicht restlos geklärt zu sein.

Denkbar wäre es, wie auch im Kartellrecht und im Gesellschaftsrecht, schon eine Mehrheitsbeteiligung – oder jedenfalls eine qualifizierte Mehrheitsbeteili-

---

6 Urteil Teckal (ebenda, Rn. 50, erster Satz). Vgl. zur geltenden Rechtslage den jeweiligen Art. 1 Abs. 2 lit. a der Richtlinien 2004/17 und 2004/18 sowie zur früheren Rechtslage den jeweiligen Art. 1 lit. a der Richtlinien 92/50, 93/36 und 93/37, ferner Art. 1 Nr. 4 der Richtlinie 93/38.

7 Urteil Teckal (a. a. O., Rn. 50, zweiter Satz).

8 Vgl. etwa Urteil Stadt Halle (a. a. O., Rn. 49) sowie Urteile vom 13.1.2005, Kommission/Spanien (C-84/03 Slg. 2005, I-139, Rn. 38 und 39), vom 13.10.2005, Parking Brixen (C-458/03 Slg. 2005, I-8612, Rn. 58 bis 62), vom 10.11.2005, Kommission/Österreich („Gemeinde Mödling", C-29/04, Slg. 2005, I-9705, Rn. 34), vom 6.4.2006, ANAV (C-410/04, Slg. 2006, I-3303, Rn. 24), vom 11.5.2006, Carbotermo (C-340/04, Slg. 2006, I-4137, Rn. 33), vom 19.4.2007, Asociación Nacional de Empresas Forestales (C-295/05, Slg. 2007, I-2999, Rn. 55), und vom 8.4.2008, Kommission/Italien (C-337/05, noch nicht in der amtlichen Sammlung veröffentlicht, Rn. 36).

9 Schlussanträge der Generalanwältin Stix-Hackl vom 23.9.2004 in der Rechtssache C-26/03 (Stadt Halle, a. a. O., Nr. 49).

gung[10] – der Gemeinde ausreichen zu lassen, um von einer durch die Gemeinde „kontrollierten Stelle“ auszugehen. In diese Richtung ist beispielsweise Generalanwältin Stix-Hackl im Fall Stadt Halle gegangen. Nach dieser Sichtweise würde eine Teilprivatisierung von Stadtwerken nicht notwendigerweise stets zu einer Ausschreibungspflicht führen.[11]

Der Gerichtshof hat sich dieser Auffassung aber nicht angeschlossen. Für ihn ist „Kontrolle wie über eigene Dienststellen“ mehr als eine bloße Kontrolle im gesellschaftsrechtlichen Sinn. So hat der EuGH im Urteil Stadt Halle klargestellt, dass eine „Kontrolle wie über eigene Dienststellen“ und damit eine Befreiung von der Ausschreibungspflicht überhaupt nur dann in Betracht kommen kann, wenn kein Privater an der jeweiligen Aktiengesellschaft oder GmbH beteiligt ist.[12] Aufträge einer Kommune an ein zu ihr gehörendes gemischtwirtschaftliches Unternehmen, an dem also neben ihr auch Private beteiligt sind – und sei es nur als Minderheitsgesellschafter ohne Sperrminorität –, sind deshalb nach der Rechtsprechung des EuGH niemals von der Ausschreibungspflicht befreit. In solchen Unternehmen kommt es zu einer Verquickung öffentlicher und privater Interessen, welche stets die Durchführung eines Vergabeverfahrens nötig macht.[13] Mit dieser sehr strengen Sichtweise soll verhindert werden, dass ein Privater, der an einem gemischtwirtschaftlichen Unternehmen beteiligt ist, gegenüber anderen potenziellen privaten Bietern im Wettbewerb um öffentliche Aufträge einen Vorteil erlangt.[14] Deshalb hätte beispielsweise die Stadt Halle ihren Abfallentsorgungsvertrag nicht ohne Weiteres an ihre gemischtwirtschaftliche Tochter- (oder Enkel-)Gesellschaft[15] vergeben dürfen, sondern hätte ihn ausschreiben müssen.

---

10 Mit qualifizierter Mehrheitsbeteiligung ist gemeint, dass der jeweilige Mehrheitsgesellschafter alle strategischen Entscheidungen alleine treffen kann (bei GmbHs ist i. d. R. eine Dreiviertel-Mehrheit erforderlich) und die Minderheitsgesellschafter keine Vetorechte bzw. Sperrminorität haben, sondern nur den normalen gesellschaftsrechtlichen Minderheitenschutz genießen.

11 Schlussanträge der Generalanwältin Stix-Hackl vom 23.9.2004 in der Rechtssache C-26/03 (Stadt Halle, a. a. O., Nrn. 62 ff., insbesondere Nr. 70).

12 Urteile Stadt Halle (a. a. O., Rn. 49) und Kommission/Italien (a. a. O., Rn. 38).

13 Urteil Stadt Halle (a. a. O., Rn. 50 und 51).

14 Vgl. zum Ganzen auch die Schlussanträge der Generalanwältin Kokott vom 1.3.2006 in der Rechtssache C-458/03 (Parking Brixen, a. a. O., Nrn. 51 bis 54).

15 Die auftragnehmende Enkelgesellschaft der Stadt Halle war die RPL Lochau (Recyclingpark Lochau GmbH). Deren Gesellschaftsanteile werden zu 75,1 % von der Stadtwerke Halle GmbH und zu 24,9 % von einem privaten Investor gehalten. Die Stadtwerke Halle GmbH stand ihrerseits zu 100 % im Eigentum der Stadt Halle, wobei noch eine 100 %-ige Tochter-GmbH der Stadt Halle zwischengeschaltet war. Vgl. Urteil Stadt Halle (a. a. O., Rn. 15).

Eine ausschreibungsfreie Vergabe von Aufträgen an kommunale Unternehmen kommt nach der Rechtsprechung also nur dann in Betracht, wenn die jeweilige Kommune ihre „Tochtergesellschaft" zu 100 % kontrolliert, wenn es sich also nicht um ein gemischtwirtschaftliches Unternehmen handelt.

Auch wenn dieses 100 %-Kriterium streng erscheinen mag, so hat es doch insbesondere den Vorteil der Rechtsklarheit auf seiner Seite.

Die Folge-Rechtsprechung zum Urteil Stadt Halle hat allerdings Anlass zu Zweifeln gegeben, ob das 100 %-Kriterium wirklich „das letzte Wort des EuGH" in dieser Sache ist. Das Urteil Parking Brixen[16] etwa kann dahingehend verstanden werden, dass der EuGH für eine „Kontrolle wie über eigene Dienststellen" und damit für eine Befreiung von der Ausschreibungspflicht in Wirklichkeit „100 % plus X" verlangt.

Im jenem Fall hatte die Südtiroler Gemeinde Brixen der Stadtwerke Brixen AG ohne vorheriges Vergabeverfahren eine Konzession zum Betrieb zweier öffentlicher Parkplätze erteilt.[17] Seinerzeit war diese Stadtwerke-AG eine 100 %ige Tochtergesellschaft der Gemeinde Brixen.

In ihren Schlussanträgen in jener Rechtssache hat Generalanwältin Kokott die Auffassung vertreten, dass eine 100 %ige Beteiligung wie die der Gemeinde Brixen ausreichend sei, um eine Kontrolle der Kommune über ihre Stadtwerke-AG „wie über eigene Dienststellen" sicherzustellen. In der Praxis werden ja auch die Führungspositionen in solchen Aktiengesellschaften von der Kommune nahestehenden Personen wahrgenommen, so dass realistischerweise eine Einflussnahme der Kommune durchaus möglich erscheint, trotz der gesellschaftsrechtlichen Eigenständigkeit der Stadtwerke.[18]

Der Gerichtshof ist der Generalanwältin in diesem Punkt allerdings nicht gefolgt. Er hat in seinem Urteil in der Sache Parking Brixen festgehalten, dass bereits die Wahl der Gesellschaftsform „Aktiengesellschaft" ein Indiz dafür sein kann, dass die betreffende Gemeinde über ihre Stadtwerke keine Kontrolle „wie über eigene Dienststellen" ausübt.[19] Auch die üblicherweise relativ weitgehende Autonomie der Vorstandsmitglieder bei der Vertretung einer solchen AG nach

16 Urteil a. a. O.

17 Der Sache nach handelt es sich dabei nicht um einen Dienstleistungsauftrag, sondern um eine Dienstleistungskonzession (a. a. O., Rn. 50 und 51).

18 Schlussanträge der Generalanwältin Kokott vom 1.3.2006 in der Rechtssache C-458/03 (Parking Brixen, a. a. O., Nrn. 63 ff.).

19 Urteil Parking Brixen (a. a. O., Rn. 67 Buchstabe a).

außen hat der EuGH im Fall Parking Brixen zum Anlass genommen, eine Kontrolle der Gemeinde „wie über eigene Dienststellen“ zu verneinen.[20]

Als Voraussetzung für eine Ausnahme von der Ausschreibungspflicht verlangt der EuGH im Urteil Parking Brixen mehr als nur die Möglichkeit der Einflussnahme der Gemeinde mit den normalen Mitteln des Gesellschaftsrechts. Eine Kontrolle „wie über eigene Dienststellen“ und damit eine Befreiung der Gemeinde von der Ausschreibungspflicht scheint nur dann in Betracht zu kommen, wenn die Gemeinde ihre 100 %ige Stadtwerke-AG oder Stadtwerke-GmbH zusätzlich „an die kurze Leine nimmt“.

Wie Generalanwältin Kokott in ihren Schlussanträgen in der Sache Parking Brixen aufgezeigt hat, ist eine solche Auslegung nicht frei von Problemen.[21] So kann das Erfordernis der „100 % plus X“ letztlich zur Folge haben, dass für die Kommunen die Wahl privatrechtlicher Rechtsformen wie AG oder GmbH als Mittel zur Modernisierung ihrer Stadtwerke deutlich weniger attraktiv wird und ihr Gestaltungsspielraum insoweit eingeschränkt wird. Wandelt eine Gemeinde nämlich ihre Stadtwerke in eine solche Gesellschaft um, so muss sie stets damit rechnen, dass künftig Aufträge an ihre eigenen Stadtwerke (auch solche Aufträge, die früher selbstverständlich gewesen wären) nicht mehr ohne Weiteres direkt vergeben werden können, sondern eines vorherigen Vergabeverfahrens bedürfen. Dann ist aber nicht sicher, ob auch wirklich die eigenen Stadtwerke den Zuschlag erhalten werden. Die bloße Umwandlung der Stadtwerke in privatrechtliche Gesellschaften kann also, aufgrund der möglicherweise damit einhergehenden Ausschreibungspflicht, bereits zum Einstieg in die Privatisierung bestimmter Leistungen der Daseinsvorsorge führen, ohne dass dies zuvor so politisch beschlossen worden wäre. Gerade in besonders sensiblen Bereichen wie der Wasserversorgung scheint dies nicht unproblematisch.

Im Detail ist hier freilich noch vieles ungeklärt.[22]

---

20 Urteil Parking Brixen (a. a. O., Rn. 68).

21 Vgl. dazu und zum Folgenden die Schlussanträge der Generalanwältin Kokott vom 1.3.2006 in der Rechtssache C-458/03 (Parking Brixen, a. a. O., Nrn. 63 ff., insbesondere 68 ff.).

22 Ungeklärt ist insbesondere, welchen Einfluss genau eine Kommune über ihre privatrechtlich organisierten Stadtwerke behalten muss, d. h. worin die „100 % plus X“ genau bestehen müssen. Ist ein konkretes Weisungsrecht des Bürgermeisters gegenüber den Vorstandsmitgliedern der Stadtwerke-AG oder Stadtwerke-GmbH erforderlich (und wäre das überhaupt gesellschaftsrechtlich zulässig)? Müssen die Organe der Stadtwerke auch für relativ unbedeutende Geschäfte bereits die Genehmigung des Gemeinderats oder des Bürgermeisters einholen, und wenn ja, wo liegt die betragsmäßige Grenze?

III. Interkommunale Zusammenarbeit

Mit der soeben erörterten Problematik der Inhouse-Geschäfte und Quasi-Inhouse-Geschäfte ist ein anderes Thema eng verwandt: die Erledigung kommunaler Aufgaben im Wege der interkommunalen Zusammenarbeit, beispielsweise durch Zweckverbände.

Auch im Hinblick auf solche Zweckverbände stellt sich nämlich die Frage, ob ihnen die Ausführung kommunaler Aufgaben ohne Weiteres direkt übertragen werden darf oder ob zuvor ein Vergabeverfahren durchzuführen ist, bei dem möglicherweise ein privater Anbieter das günstigere Angebot macht und der Zweckverband folglich das Nachsehen hat.

Aus gemeinschaftsrechtlicher Sicht sollte hier wiederum das Teckal-Urteil mit den beiden dort vom EuGH aufgestellten Kriterien der Ausgangspunkt der Überlegungen sein. Im Fall Teckal etwa war von einer italienischen Gemeinde eine Art Zweckverband („consorzio") ohne vorheriges Vergabeverfahren mit dem Betrieb und der Wartung von Heizungsanlagen in Gemeindegebäuden betraut worden.

Wie schon ausgeführt, hat der EuGH im Urteil Teckal für Recht erkannt, dass in einem solchen Fall, mangels Personenidentität zwischen der auftraggebenden Gemeinde und dem auftragnehmenden Zweckverband, zwar grundsätzlich ein Vergabeverfahren durchzuführen ist. Gleichzeitig hat er aber auch das bereits erwähnte „Hintertürchen" offen gelassen, wonach keine Ausschreibung erforderlich ist, wenn die den Auftrag vergebende Gebietskörperschaft über den Auftragnehmer eine Kontrolle ausübt wie über ihre eigenen Dienststellen und wenn der Auftragnehmer zugleich seine Tätigkeit im Wesentlichen für die Gebietskörperschaft bzw. die Gebietskörperschaften verrichtet, die seine Anteile innehaben.[23]

Diese Rechtsprechung hat der Gerichtshof dann im Mai 2006 in der Sache Carbotermo[24] weiter präzisiert. Dort ging es kurioserweise wiederum um die Lieferung von Brennstoffen und die Wartung von Heizungsanlagen einer italienischen Gemeinde, dieses Mal jedoch durch eine Aktiengesellschaft der öffentlichen Hand. An ihr waren neben der auftraggebenden Gemeinde, die mehr als 99 % der Anteile hielt, noch einige Nachbargemeinden mit jeweils einer Aktie beteiligt.

23 Urteil Teckal (a. a. O., Rn. 50).

24 Urteil a. a. O.

Im Urteil Carbotermo hat der EuGH zwei, wie ich meine, sehr interessante Feststellungen zu den beiden „Teckal-Kriterien“ getroffen, die auch für die interkommunale Zusammenarbeit nach deutschem Muster relevant sein dürften:

Was zunächst das Ausmaß der Tätigkeit für den Auftraggeber anbelangt (zweites „Teckal-Kriterium“), so ergibt sich aus dem Urteil Carbotermo, dass der Aktionsradius der auftragnehmenden Stelle sich – wie bei Zweckverbänden üblich – auf alle beteiligten Gebietskörperschaften erstrecken darf und nicht etwa nur auf das Gebiet einer – der auftraggebenden – Gemeinde beschränkt sein muss. Entscheidend und auch ausreichend ist vielmehr, dass der Zweckverband seine Tätigkeit im Wesentlichen für die ihn kontrollierenden Gebietskörperschaften verrichtet.[25]

Was das andere „Teckal-Kriterium“ betrifft, also das Erfordernis einer Kontrolle „wie über eigene Dienststellen“, so kann dies auch dann erfüllt sein, wenn die auftragnehmende Stelle – wie bei Zweckverbänden üblich – von mehreren Gebietskörperschaften zusammen kontrolliert wird. Es ist also nicht erforderlich, dass die auftraggebende Gemeinde den Zweckverband allein kontrolliert. Wie der EuGH nämlich im Urteil Carbotermo ausführt, deutet schon die Tatsache, dass der öffentliche Auftraggeber allein oder zusammen mit anderen öffentlichen Stellen das gesamte Kapital einer auftragnehmenden Gesellschaft hält, darauf hin, dass er über diese Gesellschaft eine Kontrolle wie über seine eigenen Dienststellen ausübt.[26]

Natürlich wird man noch die weitere Entwicklung der Rechtsprechung in diesem Bereich abwarten müssen, bevor gesicherte Schlussfolgerungen zur vergaberechtlichen Behandlung der interkommunalen Zusammenarbeit möglich sind. Nach dem Urteil Carbotermo scheint es aber, dass Raum für die direkte Vergabe von Aufträgen an kommunale Zweckverbände verbleibt, also für eine Vergabe ohne vorheriges Vergabeverfahren. Voraussetzung ist, dass die beiden „Teckal-Kriterien“ erfüllt sind – Tätigkeit im Wesentlichen für die beteiligten Gebietskörperschaften und zugleich gemeinsame Kontrolle dieser Gebietskörperschaften „wie über eigene Dienststellen.“

Anders verhielte es sich freilich dann, wenn die beauftragte Einrichtung der kommunalen Zusammenarbeit privatrechtlich organisiert wäre, etwa in Form der Aktiengesellschaft oder GmbH, wenn sie von den beteiligten Gemeinden nur mit den Mitteln des Gesellschaftsrechts kontrolliert würde, und wenn sie möglicherweise gar für die Beteiligung Privater offen stünde. In einer solchen

25 Urteil Carbotermo (a. a. O., Rn. 68 bis 71).

26 Ebenda, Rn. 37.

Fallgestaltung schließt die Rechtsprechung nämlich eine Ausnahme von der Ausschreibungspflicht aus; dies hat der Gerichtshof auch im Fall Carbotermo nochmals betont und insoweit lediglich seine Rechtsprechung aus den Urteilen Stadt Halle und Parking Brixen bestätigt.[27]

Handelt es sich hingegen um einen klassischen, öffentlich-rechtlich organisierten kommunalen Zweckverband, so kann – ganz abgesehen von den „Teckal-Kriterien" – noch ein weiterer Umstand Bedeutung gewinnen: In vielen Fällen wird ein solcher Zweckverband von seinen Mitgliedsgemeinden nicht nur mit der Erledigung von deren Aufgaben betraut, sondern erwirbt selbst die Zuständigkeit für diese Aufgaben. Das zeigt sich im Normalfall daran, dass fortan der Zweckverband und nicht mehr die Mitgliedsgemeinde die erforderlichen Satzungen erlässt. Ist dies der Fall, so liegt eine Übertragung von Hoheitsrechten von einem öffentlich-rechtlichen Hoheitsträger auf einen anderen vor. Dass insoweit kein Vergaberecht Anwendung findet, scheint auch die Europäische Kommission zu vertreten.[28] Der EuGH hat sich hierzu aber noch nicht abschließend geäußert.

IV. Transparenzgebot

Ein weiteres wichtiges Thema, mit dem sich die vergaberechtliche Rechtsprechung der letzten Zeit intensiv befasst hat, ist das sogenannte Transparenzgebot für öffentliche Aufträge.

Es kann inzwischen als geklärt angesehen werden, dass sich vergaberechtliche Probleme für die Kommunen keineswegs nur im Rahmen der Vergaberechtsrichtlinien der EG stellen. Seit dem Urteil Telaustria[29] ist anerkannt, dass öffentliche Auftraggeber auch außerhalb des Anwendungsbereichs der EG-Vergaberechtsrichtlinien – also etwa im sogenannen „Unterschwellenbereich"[30]

27 Urteil Carbotermo (a. a. O., Rn. 35 und 38 bis 40).

28 Eine solche Aussage findet sich im Zusammenhang mit der Mitteilung der Kommission vom November 2005 zu Öffentlich-Privaten Partnerschaften in ihrem Dokument MEMO/05/431: "Public procurement law is not of application if the competence for a given service is transferred from one public body to another." Vgl. im selben Sinne die Pressemitteilung IP/05/949 der Kommission vom 15.7.2005 in Bezug auf den Fall der Abwasserentsorgung der niedersächsichen Gemeinde Hinte.

29 Urteil vom 7.12.2000 in der Rechtssache C-324/98 (Telaustria, Slg. 2000, I-10745).

30 D. h. bei der Vergabe von öffentlichen Aufträgen, die zwar ihrem Gegenstand nach in den Anwendungsbereich einer der Vergaberechtsrichtlinien fallen, aber wertmäßig unterhalb der dort festgesetzten Schwellenwerte liegen.

oder bei der Erteilung von Dienstleistungskonzessionen[31] – bestimmten gemeinschaftsrechtlichen Verpflichtungen unterliegen, wenn sie mit Privaten Verträge schließen.[32]

Diese Verpflichtungen folgen unmittelbar aus den Grundfreiheiten des Europäischen Binnenmarkts, wie sie im EG-Vertrag niedergelegt sind. Sowohl die Dienstleistungsfreiheit (Art. 49 EG, 50 EG) als auch die Niederlassungsfreiheit (Art. 43 EG, 48 EG) enthalten nämlich Diskriminierungsverbote, an die alle öffentlichen Stellen, auch die Kommunen, gebunden sind.[33] Aus diesen Diskriminierungsverboten leitet der EuGH für den Bereich des Vergaberechts ein sogenanntes Transparenzgebot her, das den öffentlichen Auftraggeber verpflichtet, auch im Unterschwellenbereich bzw. bei der Vergabe von Dienstleistungskonzessionen einen angemessenen Grad von Öffentlichkeit herzustellen, bevor er Verträge schließt.[34] Potenziellen Bietern ist Zugang zu angemessenen Informationen zu ermöglichen, damit sie ggf. ihr Interesse an dem jeweiligen Auftrag bekunden können.[35] So soll sichergestellt werden, dass kein potenzieller Bieter, insbesondere kein potenzieller Bieter aus einem anderen Mitgliedstaat, einen Wettbewerbsnachteil erleidet.[36]

Nur wenn eine „Quasi-Inhouse-Situation" besteht und die bereits erörterten „Teckal-Kriterien" erfüllt sind, ist der öffentliche Auftraggeber von diesem Transparenzgebot befreit.[37]

Im Einzelnen ist hier freilich noch vieles ungeklärt. Insbesondere bedarf es noch näherer Präzisierung, was genau mit dem „angemessenen Grad an Öffent-

31 Dienstleistungskonzessionen fallen nicht in den Anwendungsbereich der Vergaberechtsrichtlinien, vgl. insoweit – zur Richtlinie 92/50 – die Urteile Parking Brixen (a. a. O., Rn. 42) und ANAV (a. a. O., Rn. 17) und – zur Richtlinie 93/38 – das Urteil Telaustria (a. a. O., Rn. 57 und 58) sowie zu beiden Richtlinien das Urteil Coname (a. a. O., Rn. 9 und 16). Zur neuen Rechtslage vgl. Art. 17 der Richtlinie 2004/18.

32 Urteile Telaustria (zitiert in Fn. 29, Rn. 60 ff.), Coname (a. a. O., Rn. 16 ff.), Parking Brixen (a. a. O., Rn. 46 ff.) und ANAV (a. a. O., Rn. 18 ff.) sowie Urteil vom 20.10.2005, Kommission/Frankreich (C-264/03, Slg. 2005, I-8831, Rn. 32 ff.).

33 Daneben sind selbstverständlich auch die Grundsätze des freien Warenverkehrs zu beachten, die etwa im Rahmen der Produktspezifikationen in den Ausschreibungsbedingungen eine Rolle spielen können (vgl. Beschluss des Gerichtshofs vom 3.12.2001, Vestergaard, C-59/00, Slg. 2001, I-9505, Rn. 20 ff.).

34 Urteile Telaustria (a. a. O., Rn. 62), Coname (a. a. O., Rn. 16 und 17), Parking Brixen (a. a. O., Rn. 46 bis 52) und ANAV (a. a. O., Rn. 18 bis 21).

35 Urteil Coname (a. a. O., Rn. 21).

36 Urteile Telaustria (a. a. O., Rn. 62), Coname (a. a. O., Rn. 17 bis 20), Parking Brixen (a. a. O., Rn. 46 bis 49 und 55) und ANAV (a. a. O., Rn. 21 und 22).

37 Urteile Parking Brixen (zitiert in Fn. 8, Rn. 56 ff., insbesondere 61 ff.) und ANAV (a. a. O., Rn. 24 ff.); ähnlich bereits das Urteil Coname (a. a. O., Rn. 23 ff.).

lichkeit“ gemeint ist, den der öffentliche Auftraggeber herstellen muss.[38] In ihren Schlussanträgen hat Generalanwältin Kokott bereits angedeutet, dass es hier nicht um eine komplette Anwendung der sehr detailliert geregelten Vergabeverfahren gehen kann, wie sie in den Vergaberechtsrichtlinien niedergelegt sind.[39] Denn sonst wären die Schwellenwerte weitgehend ihres Sinnes entleert. Primär liegt es in der Verantwortung des öffentlichen Auftraggebers, in jedem Einzelfall zu prüfen, in welcher Form angemessene Transparenz hergestellt werden kann.

Es ist auch noch nicht restlos geklärt, auf welche Aufträge genau diese Transparenzverpflichtungen Anwendung finden. Im einem kürzlich ergangenen Urteil zu einem irischen Fall hat der EuGH allerdings klargestellt, dass jedenfalls öffentliche Aufträge, an denen ein eindeutiges grenzüberschreitendes Interesse besteht, nicht ohne jegliche Transparenz vergeben werden dürfen.[40] Persönlich meine ich, dass die Beurteilung des grenzüberschreitenden Interesses von der Art des jeweiligen Auftrags und von der jeweiligen geografischen Situation abhängt. Ich könnte mir z. B. vorstellen, dass in Regionen wie dem Saarland oder Rheinland-Pfalz sehr häufig auch an kleineren Aufträgen bereits ein grenzüberschreitendes Interesse besteht. Schließlich ist es für Unternehmer aus den angrenzenden Regionen in Frankreich und in Luxemburg, vielleicht sogar für Unternehmer aus Belgien, ein Katzensprung dorthin.[41]

---

38 In den Urteilen Parking Brixen (a. a. O., Rn. 50) und ANAV (a. a. O., Rn. 22) stellt der Gerichtshof fest, dass „das völlige Fehlen einer Ausschreibung“ nicht mit den gemeinschaftsrechtlichen Anforderungen im Einklang stehe. Falls hier „Ausschreibung“ wörtlich zu verstehen wäre, käme dies einer Anwendung der Vergaberechtsrichtlinien auch außerhalb ihres Anwendungsbereichs jedenfalls sehr nahe. Eher wahrscheinlich ist, dass es sich um ein Übersetzungsproblem in der deutschen Sprachversion der betreffenden Urteile handelt und im Sinne der französischen Sprachfassung eine „mise en concurrence“ gemeint war; so auch Generalanwältin Stix-Hackl in ihren Schlussanträgen vom 14.9.2006 in der Rechtssache C-532/03 (Kommission/Irland, noch nicht in der amtlichen Sammlung veröffentlicht, Nrn. 63 bis 65).

39 Schlussanträge der Generalanwältin Kokott vom 1.3.2006 in der Rechtssache Parking Brixen (C-458/03, a. a. O., Nr. 37) und vom 13.3.2008 in der Rechtssache Pressetext Nachrichtenagentur (C-454/06, noch nicht in der amtlichen Sammlung veröffentlicht, Nrn. 115 bis 121). Ähnlich scheint dies der Gerichtshof im Urteil Coname zu sehen (a. a. O., Rn. 21): „... ohne notwendigerweise eine Verpflichtung zur Vornahme einer Ausschreibung zu umfassen ...“.

40 Urteil vom 13.11.2007 Kommission/Irland („AN Post“, C-507/03, noch nicht in der amtlichen Sammlung veröffentlicht, Rn. 29 und 30); im selben Sinne Urteile vom 31.1.2008, Centro Europa 7 (C-380/05, noch nicht in der amtlichen Sammlung veröffentlicht, Rn. 67), und vom 15.5.2008, SECAP und Santorso (C-147/06, noch nicht in der amtlichen Sammlung veröffentlicht, Rn. 21).

41 In den Rechtssachen C-507/03 (Kommission/Irland, „AN Post“), C-532/03 (Kommission/Irland, „Rettungsdienste Dublin“) und C-195/04 (Kommission/Finnland, betreffend die Beschaffung von Küchenausrüstung für eine Behördenkantine) brauchte sich der Gerichtshof inhaltlich nicht näher mit dem Transparenzgebot zu befassen.

In der Zwischenzeit kann ein Blick auf eine Mitteilung zum Transparenzgebot aufschlussreich sein, in der die Europäische Kommission ihre Rechtsauffassung darlegt und u. a. näher präzisiert, welche Art von Publizität sie in Fällen für nötig erachtet, die nicht in den Anwendungsbereich der Vergaberechtsrichtlinien fallen.[42]

42 Mitteilung der Kommission zu Auslegungsfragen in Bezug auf das Gemeinschaftsrecht, das für die Vergabe öffentlicher Aufträge gilt, die nicht oder nur teilweise unter die Vergaberichtlinien fallen (ABl. C 179 vom 1.8.2006, 2). Gegen diese Mitteilung hat die Bundesrepublik Deutschland beim Gericht Erster Instanz am 12.9.2006 Klage erhoben (anhängige Rechtssache T-258/06, Deutschland/Kommission, ABl. 2006, C 294, 52).

Die Haftung des öffentlichen Auftraggebers gegenüber nicht berücksichtigten Bietern – Rechtsprechung des Bundesgerichtshofs

*Uwe Scharen**

I. Vorbemerkung

Es ist eine Eigenart des Vergaberechts, dass die Gesetzeslage sich in mehrfacher Hinsicht unterscheidet, je nachdem zu welcher Kategorie der zu vergebende Auftrag gehört. Bezüglich des Rechtsschutzes erfolgt die Grenzziehung einmal durch § 100 Abs. 2 GWB, der bestimmte, dort abschließend genannte Geschäfte vom Vergaberegime des Vierten Teils des Gesetzes gegen Wettbewerbsbeschränkungen ausnimmt; im Übrigen kommt es aber auf den voraussichtlichen Wert des zu vergebenden Auftrags an. Bei Erreichen bestimmter Schwellenwerte stellt das Gesetz gegen Wettbewerbsbeschränkungen den am Auftrag interessierten Unternehmen ein gesetzlich besonders ausgestaltetes Rechtsschutzsystem[1] zur Verfügung, damit die vom öffentlichen Auftraggeber beabsichtigte Vergabe im Einzelnen überprüft und eine vergaberechtswidrige Erteilung des Auftrags an

* Uwe Scharen ist Stellvertretender Vorsitzender Richter am BGH in Karlsruhe.

1 §§ 102 ff. GWB.

einen Dritten verhindert werden kann. Unterhalb der Schwelle ist zwar auch Primärrechtsschutz möglich; in Übereinstimmung mit der Verfassung[2] muss er aber in dem allgemein zugänglichen Gerichtsverfahren[3] gesucht werden, und er beschränkt sich auf die Möglichkeit, eine Missachtung des Gleichbehandlungsgebots zu beanstanden, dem öffentliche Auftraggeber von Verfassungs wegen verpflichtet sind.[4] In der Praxis führt das häufig nicht zu dem Primärrechtsschutz, den ein am Auftrag interessiertes Unternehmen erstrebt. Denn das Unternehmen erfährt häufig nicht rechtzeitig von der Absicht des öffentlichen Auftraggebers, den Auftrag anderweitig zu vergeben. Daher kann selbst ein Antrag auf Erlass einer einstweiligen Verfügung zu spät kommen. Die Auftragserteilung an ein anderes Unternehmen kann nämlich schon erfolgt sein. Selbst wenn diese Auftragserteilung auf einem Verstoß gegen das Gleichbehandlungsgebot beruht, kann die anderweitige Vergabe dann nicht mehr unterlassen und damit auch nicht mehr gerichtlich verboten werden.[5] Das wäre nur anders, wenn ein Fehler des öffentlichen Auftraggebers bei der Vergabe die vertragsrechtliche Wirksamkeit einer hierauf beruhenden Auftragserteilung berührte. Das ist jedoch regelmäßig nicht der Fall. Die Auftragserteilung an ein Unternehmen beendet deshalb in aller Regel das Vergabeverfahren. Wenn es zu der wirksamen Vergabe des Auftrags an ein anderes Unternehmen gekommen ist, kann das sich hierdurch betroffen fühlende Unternehmen mithin entweder nur noch die Feststellung der behaupteten Vergaberechtswidrigkeit erreichen[6] oder auf Ersatz entstandener Nachteile klagen.

II. Die meist einschlägige Anspruchsnorm

Angesichts des vergleichsweise beschränkten und zudem häufig nicht rechtzeitig zu erlangenden Primärrechtsschutzes bei Beschaffungen, die den Schwellenwert nicht erreichen, bleibt gerade in diesem Bereich die Ersatzklage das Mittel der Wahl. Gleichwohl gibt es für den Unterschwellenbereich keine vergabespezi-

2 So BVerfG, Beschluss vom 13.6.2006 – 1 BvR 1160/03 = BVerfGE 116, 135 = NJW 2006, 3701 = NVwZ 2006, 1396.

3 Nach BVerwG, Beschluss vom 2.5.2007 – 6 B 10/07 = BVerwGE 129, 9 = NJW 2007, 2275 = NVwZ 2007, 820, vor den Zivilgerichten, wenn – wie meist – ein privatrechtlicher Vertrag geschlossen werden soll.

4 So BVerfG, Beschluss vom 13.6.2006 – 1 BvR 1160/03 = BVerfGE 116, 135 = NJW 2006, 3701 = NVwZ 2006, 1396.

5 Vgl. § 114 Abs. 2 Satz 1 GWB.

6 Vgl. § 114 Abs. 2 Satz 2 GWB.

fischen Ersatzregeln. Einschlägig sind ausschließlich die im Bürgerlichen Gesetzbuch oder sonst wo geregelten allgemeinen Schadensersatzvorschriften. Sieht man von besonderen Fallgestaltungen ab, ist insoweit von praktischer Bedeutung nur die sich aus den §§ 280 Abs. 1, 241 Abs. 2, 311 Abs. 2, 3 BGB ergebende Anspruchsgrundlage. Hierbei handelt es sich um die Kodifizierung dessen, was man vor dem Schuldrechtsmodernisierungsgesetz als „culpa in contrahendo" bezeichnete. Der Bundesgerichtshof hat deshalb für Vergabesachen auch ausdrücklich ausgesprochen, dass auf die hierzu ergangene Rechtsprechung weiterhin zurückgegriffen werden kann.[7]

Der Anspruch knüpft daran an, dass (jedenfalls) mit dem ersten individuellen Kontakt, den der öffentliche Auftraggeber und ein potentieller Auftragnehmer wegen des zukünftigen Auftrags haben, ein vorvertragliches Schuldverhältnis entsteht.[8] Es begründet zwar keine Leistungspflichten, verpflichtet den öffentlichen Auftraggeber aber zu bestimmter Rücksichtnahme auf Bieterbelange bei der Durchführung der Vergabe. Das hat zur Folge, dass der potentielle Auftragnehmer darauf vertrauen darf, dass bestimmte Regeln eingehalten werden. Regelmäßig ergibt sich ein ganzer Pflichtenkatalog oder – besser – ein Regelwerk, das der öffentliche Auftraggeber im Verhältnis zu diesem potentiellen Auftragnehmer und natürlich auch zu anderen am Auftrag interessierten Unternehmen, die wegen des Auftrags ebenfalls an ihn herangetreten sind, bei der Vergabe zu beachten hat.

Anders als im Oberschwellenbereich, für den die Vergabeverordnung[9] die Beachtung der einschlägigen Verdingungsordnung auch für das Außenverhältnis vorschreibt, kann dabei im Unterschwellenbereich auf die Vorschriften einer Verdingungsordnung nicht etwa allein deshalb zurückgegriffen werden, weil diese von den beteiligten Kreisen erarbeitete Regeln für Beschaffungen der fraglichen Art aufstellt. Denn die Verdingungsordnungen beinhalten lediglich in allgemeine Form gefasste innerdienstliche Anweisungen für öffentliche Auftraggeber.[10] Sie sind als solche keine Rechtsnormen[11] und können deshalb als solche

7 BGH, Urteil vom 3.4.2007 – X ZR 19/06 = NZBau 2007, 523 = VergabeR 2007, 750.

8 Vgl. z. B. BGH, Urteil vom 8.9.1998 – X ZR 48/97 = BGHZ 139, 259 = NJW 1998, 3636 = BauR 1998, 1232 m. w. N.

9 §§ 4 ff. VgV.

10 BVerfG, Beschluss vom 13.6.2006 – 1 BvR 1160/03 Tz. 15 = BVerfGE 116, 135 = NJW 2006, 3701 = NVwZ 2006, 1396; BGH, Urteil vom 21.11.1991 – VII ZR 203/90 = BGHZ 116, 149 = NJW 1992, 827 = DÖV 1992, 450 m. w. N. für VOB/A; OLG Hamm, Urteil vom 6.10.1992 – 26 U 86/91 = NJW-RR 1993, 541 für VOL/A.

11 BGH, Urteil vom 24.2.1954 – II ZR 74/53; OLG Stuttgart, Urteil vom 11.4.2002 – 2 U 240/01 = NZBau 2002, 395, 396 jeweils für VOB/A.

unmittelbare Rechtswirkungen im Verhältnis zu den am Auftrag interessierten Unternehmen nicht begründen.[12] Im Unterschwellenbereich gehören deshalb die Vorschriften der einschlägigen Verdingungsordnung nur dann zu den Regeln, die der öffentliche Auftraggeber zu beachten hat, wenn er gegenüber am Auftrag interessierten Unternehmen ausdrücklich oder konkludent zu erkennen gegeben hat, nach dieser Verdingungsordnung zu verfahren. Üblicherweise geschieht das dadurch, dass der öffentliche Auftraggeber in der Bekanntmachung oder der Ausschreibung auf die Geltung der einschlägigen Verdingungsordnung verweist. Ansonsten gehört zu dem zu beachtenden Regelwerk natürlich vornehmlich all das, was der öffentliche Auftraggeber in Form von eigens für die betreffende Beschaffung formulierten oder etwa aus früheren Vorgängen oder aus Vergabehandbüchern entnommenen Vergabebedingungen selbst aufgestellt hat.

Als tatbestandsmäßige Handlung ist erforderlich, dass der öffentliche Auftraggeber bei der Vergabe des Auftrags, insbesondere bei der Wertung der Angebote (schuldhaft) gegen eine der Regeln des Regelwerks verstoßen hat, das im konkreten Fall zu beachten war.[13] Wegen der bei Schadensersatzansprüchen allgemein anerkannten Schutzzwecklehre ist ferner nötig, dass die verletzte Regel (auch) Personen wie den Anspruchsteller vor dem geltend gemachten Schaden schützen soll. Der bieterschützende Zweck bereitet im Vergaberecht aber allenfalls ausnahmsweise Schwierigkeiten. Denn der erforderliche Zweck kommt sowohl den Regeln einer zu beachtenden Verdingungsordnung als auch den selbst gesetzten Vergabebedingungen regelmäßig zu. So hat der Bundesgerichtshof entschieden,[14] dass bei einer nationalen statt der gebotenen europaweiten Ausschreibung auch ein Bieter, der sich an der nationalen Ausschreibung beteiligt hat, sein Schadensersatzbegehren auf die falsche Wahl des Vergabeverfahrens stützen kann.

Die im Hinblick auf den geltenden Sekundärrechtsschutz häufig beklagten Probleme ergeben sich daraus, dass das Gesetz nur einen Schadensersatzanspruch zur Verfügung stellt und deshalb gemäß §§ 249 Abs. 1, 251 Abs. 1 BGB Geldersatz nur in Betracht kommt, wenn ein bestimmter materieller Schaden

12 Vgl. BGH, Urteil vom 30.3.2006 – VII ZR 44/05 = BGHZ 167, 75 = NJW 2006, 2555 für § 12 Nr. 1 S. 1 VOB/A; Urteil vom 21.11.1991 – VII ZR 203/90 = BGHZ 116, 149 = NJW 1992, 827 = DÖV 1992, 450 m. w. N. für VOB/A; Urteil vom 11.11.1993 – VII ZR 47/93 = BGHZ 124, 64 = NJW 1994, 850; Urteil vom 27.6.1996 – VII ZR 59/95 = NJW 1997, 61 = BauR 1997, 126; a. A: OVG Koblenz, Urteil vom 25.5.2005 – 7 B 10356/05.OVG = NZBau 2005, 411.

13 BGH, Urteil vom 18.9.2007 – X ZR 89/04 Tz. 8 = NZBau 2008, 137 = VergabeR 2008, 69.

14 BGH, Urteil vom 27.11.2007 – X ZR 18/07 Tz. 34, WRP 2008, 370 = ZfBR 2008, 299.

beim Anspruchsteller festgestellt werden kann. Wie auch sonst ist es erforderlich, dass sich beim Vergleich der früheren mit der jetzigen Vermögenslage eine Einbuße beim Anspruchsteller ergibt, die dem Regelverstoß zugerechnet werden muss. In Vergabesachen kann diese Vermögenseinbuße entweder im sogenannten negativen Interesse oder im sogenannten positiven Interesse bestehen.

III. Anspruchsziel Ersatz des positiven Interesses

Hier geht es dem Bieter darum, wirtschaftlich so gestellt zu werden, wie er im Falle der Auftragserteilung stünde. Das positive Interesse umfasst mithin vornehmlich den Gewinn, der dem Anspruchsteller entgeht, weil er den Auftrag nicht erhält, kann aber auch im Entgehen anderer erwarteter Einnahmen, etwa fehlenden Deckungsbeiträgen bestehen.[15] Die betreffenden Ausfälle lassen sich in Vergabesachen freilich nicht ohne weiteres als Schaden dem Regelverstoß zurechnen, den ein klagender Bieter zum Anlass einer Schadensersatzklage nimmt. Das liegt an der Besonderheit, dass öffentliche Vergabe einerseits im Wettbewerb, also unter Beteiligung mehrerer Bieter erfolgen soll; andererseits immer nur einer der Wettbewerber den Auftrag erhalten kann. Die Aussicht auf Realisierung des Erfüllungsinteresses kann deshalb von vornherein nur zum Vermögen eines einzigen Bieters gehört haben mit der Folge, dass sich beim Vergleich der Vermögenslagen bestenfalls bei einem Bieter insoweit ein Defizit ergeben kann. Diesem Umstand wird es nicht gerecht, wenn man den Kläger schon deshalb als insoweit geschädigt ansieht, weil er dem Gericht vermitteln kann, wenn man nur den von ihm beanstandeten Regelverstoß hinweg denke, sei auf Grund des sonstigen tatsächlichen Verhaltens des öffentlichen Auftraggebers die Überzeugung gerechtfertigt, dass er den Auftrag voraussichtlich erhalten hätte. Denn in gleicher Weise könnte ein anderer Bieter argumentieren, etwa wenn der öffentliche Auftraggeber einen weiteren Regelverstoß begangen hat. Man denke beispielsweise nur an den Fall, dass der öffentliche Auftraggeber die Angebote der beiden preislich vorne liegenden Bieter jeweils zu Unrecht als unvollständig angesehen und deshalb aus der weiteren Wertung genommen hat. Angesichts des bereits angesprochenen umfangreichen Regelwerks, das der öffentliche Auftraggeber zu beachten hat, sind aber auch gleich mehrere andere

15 OLG Schleswig, Urteil vom 12.10.2004 – 6 U 81/01 = VergabeR 2006, 568; OLG Stuttgart, Beschluss vom 6.4.2004 – 2 Verg 2/04; vgl. auch OLG Dresden, Urteil vom 27.1.2006 – 20 U 1873/05 = VergabeR 2006, 578; BGH, Urteil vom 2.10.2003 – III ZR 114/02 = BGHZ 156, 257 = NJW 2004, 281; OLG Frankfurt, Urteil vom 26.10.1995 – 6 U 194/91.

Vergabefehler in der Praxis keine Seltenheit. Dies führt zu der Erkenntnis, dass durch die Schadensersatznorm nur der Bieter in seiner Erwartung auf Gewinn oder andere Einnahmen geschützt und damit geschädigt sein kann, der ohne den zum Anlass der Klage genommenen Regelverstoß, aber „auch bei ansonsten ordnungsgemäßer Vergabe den Zuschlag hätte erhalten müssen."[16] Zu demselben Ergebnis gelangt man, wenn man auf den Vertrauenstatbestand abstellt, der für einen Schadensersatzanspruch aus „culpa in contrahendo" erforderlich war. Denn ein berechtigtes und schutzwürdiges Vertrauen auf Erhalt des Auftrags kann nur der Bieter haben, der den Auftrag eigentlich hätte erhalten müssen. Nach ständiger Rechtsprechung des Bundesgerichtshofs kann deshalb auf Ersatz des positiven Interesses nur mit Aussicht auf Erfolg klagen, wer für sich in Anspruch nehmen kann, dass bei in jeder Hinsicht ordnungsgemäßem Vergabeverfahren und richtiger Vergabeentscheidung gerade er den Auftrag hätte erhalten müssen.[17]

Daher sind von vornherein nicht anspruchsberechtigt alle diejenigen Bieter, deren Angebot zwingend von der Wertung auszuschließen war[18] bzw. zwingend hätte ausgeschlossen werden müssen. Die vom Bundesgerichtshof in ständiger Rechtsprechung[19] geforderte strenge Anwendung von § 25 Abs. 1 Nr. 1 VOB/A bei unvollständigen oder sonst wie von der Ausschreibung abweichenden Hauptangeboten wirkt sich deshalb gerade auch beim Sekundärrechtsschutz aus.

Die Maßgeblichkeit der materiell richtigen Vergabeentscheidung kann sich aber insbesondere auch deshalb als Hürde erweisen, weil dem öffentlichen Auftraggeber jedenfalls bei der Prüfung der Angebote ein Wertungsspielraum zustehen kann. So ist insbesondere bei der Wertung auf der letzten Wertungsstufe, wer das annehmbarste oder wirtschaftlichste Angebot abgegeben hat, nicht immer ein eindeutiges Ergebnis vorgegeben. Es gibt durchaus Fälle, in denen sich der öffentliche Auftraggeber für den einen oder den anderen Bieter entscheiden kann, ohne einen Vergabefehler zu begehen. In diesen Fällen wird eine auf Ersatz des positiven Interesses gerichtete Schadensersatzklage wohl schon deshalb

16 So die Wortwahl im Leitsatz zu BGH, Urteil vom 3.4.2007 – X ZR 19/06 Tz. 8 = NZBau 2007, 523 = VergabeR 2007, 750.

17 Z. B. BGH, Urteil vom 3.4.2007 – X ZR 19/06 Tz. 8 = NZBau 2007, 523 = VergabeR 2007, 750 m. w. N; Urteil vom 1.8.2006 – X ZR 115/04 Tz. 26 = MDR 2007, 404 = NZBau 2006, 797.

18 BGH, Urteil vom 18.9.2007 – X ZR 89/04 Tz. 8 = NZBau 2008, 137 = VergabeR 2008, 69; Urteil vom 7.6.2005 – X ZR 19/02 Tz. 12 = MDR 2005, 1362 = NZBau 2005, 709.

19 Z. B. BGH, Urteil vom 18.9.2007 – X ZR 89/04 Tz. 9 f. = NZBau 2008, 137 = VergabeR 2008, 69; Beschluss vom 18.2.2003 – X ZB 43/02, BGHZ 154, 32 = MDR 2003, 169 = NZBau 2003, 293.

scheitern müssen.[20] Dies hat der Bundesgerichtshof freilich bisher so noch nicht ausgesprochen; er hat aber bereits darauf hingewiesen, dass bei Beantwortung der Frage nach der richtigen Vergabeentscheidung auch ein etwaiger Wertungsspielraum des öffentlichen Auftraggebers zu berücksichtigen ist.[21]

Die Rechtsprechung, wonach von entscheidender Bedeutung für den Erfolg der Schadensersatzklage die Vergabeentscheidung ist, die der öffentliche Auftraggeber richtigerweise hätte treffen müssen, hat natürlich schließlich auch eine beweisrechtliche Seite.

Als Anspruchsteller hat an sich der klagende Bieter die Darlegungs- und Beweislast, dass gerade er den Auftrag hätte erhalten müssen. Hier kommt den Bietern aber die sogenannte sekundäre Behauptungslast zu Gute,[22] die entsteht, wenn und soweit die eigentlich darlegungs- und beweispflichtige Partei über Tatumstände in Unkenntnis ist, über welche die andere Partei unschwer Auskunft geben kann, und die verlangt, dass die an sich nicht darlegungspflichtige Partei zu diesen Tatumständen vorträgt.[23] Denn gerade für die Beantwortung der Frage, wer den Auftrag bei in jeder Hinsicht regelgerechtem Vergabeverfahren hätte erhalten müssen, sind regelmäßig Umstände von Bedeutung, die dem Bieter, der sich benachteiligt fühlt, nicht bekannt sind. Von dem klagenden Bieter kann deshalb regelmäßig zunächst nur verlangt werden, dass er hinsichtlich der eigenen Person und des eigenen Angebots darlegt und gegebenenfalls beweist, dass den Anforderungen genügt ist, deren Erfüllung es dem öffentlichen Auftraggeber gestattet hätte, ausgehend von dem im Einzelfall festgelegten Regelwerk den Auftrag an sein Unternehmen zu erteilen. Es ist dann Sache des öffentlichen Auftraggebers, seinerseits im Einzelnen vorzutragen, dass und warum er dem Kläger den Zuschlag gleichwohl nicht hätte erteilen müssen. Nur wenn insoweit etwas Tatsächliches streitig ist oder bleibt, hat der Kläger sodann wieder den Beweis für die anspruchsbegründende Voraussetzung zu führen.

Nach der Rechtsprechung des Bundesgerichtshofs ist für den auf das positive Interesse gerichteten Schadensersatzanspruch ferner erforderlich, dass der Auftrag tatsächlich an einen anderen Bieter oder einen Dritten vergeben wurde.[24] Das hat seinen Grund in der allgemeinen Handlungsfreiheit, die der Nachfrager einer Leistung für sich in Anspruch nehmen kann. Selbst wenn er bereits Ange-

20 Vgl. OLG Celle, Beschluss vom 8.12.2005 – 13 Verg 2/05 = NZBau 2006, 197.

21 BGH, Urteil vom 1.8.2006 – X ZR 115/04 Tz. 26 = MDR 2007, 404 = NZBau 2006, 797.

22 Vgl. BGH, Urteil vom 27.11.2007 – X ZR 18/07 Tz. 51 = WRP 2008, 370 = ZfBR 2008, 299.

23 Z. B. BGH, Urteil vom 7.12.1998 – II ZR 266/97 = BGHZ 140, 156 = NJW 1999, 579.

24 Z. B. BGH, Urteil vom 18.9.2007 – X ZR 89/04 Tz. 8 = NZBau 2008, 137 = VergabeR 2008, 69; Urteil vom 8.9.1998 – X ZR 48/97 = BGHZ 139, 259 = NJW 1998, 3636 = BauR 1998, 1232.

bote eingeholt hat, kann er deshalb im Regelfall nicht gezwungen werden, den Auftrag überhaupt an einen Anbieter zu erteilen. Es gibt keinen Grund, das anders zu sehen, wenn es sich bei dem Nachfrager um einen öffentlichen Auftraggeber handelt.[25] Verdingungsordnungen enthalten zwar Vorschriften, wonach eine Aufhebung der Ausschreibung nur unter besonderen Umständen vergaberechtlich zulässig ist;[26] einen Abschlusszwang für den Fall, dass diese Umstände nicht gegeben sind, sehen aber auch sie nicht vor. Daher ist die Aussicht auf den Zuschlag und damit die Entstehung eines Schadens auch davon abhängig, dass der öffentliche Auftraggeber keinen Gebrauch von der Möglichkeit macht, von der Beschaffung abzusehen. Erst die tatsächliche Erteilung des Auftrags an ein Unternehmen belegt, dass es hierzu nicht kommen wird. Auch sie ist daher beim Verlangen nach Ersatz des positiven Interesses erforderlich, um diesen Schaden und die Kausalität festzustellen bzw. dass ein Bieter berechtigterweise darauf vertrauen durfte, dass der Auftrag vergeben wird. Die anderweitige Erteilung des Auftrags sollte im Schadensersatzprozess regelmäßig jedoch keine Probleme bereiten. Der Sachverhalt ist insoweit in aller Regel unstreitig. Wie die bisherigen Fälle zeigen, kann das Vorliegen dieser Voraussetzung allerdings erörterungsbedürftig sein, wenn der öffentliche Auftraggeber beispielsweise die Bauausführung mehr oder weniger geändert[27] oder nur Teilleistungen, diese aber nach und nach vergeben hat.

IV. Anspruchsziel Ersatz des negativen Interesses

Hierbei geht es vornehmlich um den Ersatz der Kosten, die der Anspruchsteller aufgewendet hat, weil er sich für den zu vergebenden Auftrag interessiert hat, und die sich als nutzlos erweisen, wenn er wegen des mit der Schadensersatzklage gerügten Regelverstoßes des öffentlichen Auftraggebers den Auftrag dann nicht erhält. Betroffen sind also meist[28] tatsächlich entstandene Kosten, so dass hier die Entstehung einer Vermögenseinbuße beim Kläger regelmäßig nicht pro-

25 BGH, Beschluss vom 18.2.2003 – X ZB 43/02 = BGHZ 154, 32 = MDR 2003, 169 = NZBau 2003, 293.

26 § 26 VOB/A bzw. VOL/A.

27 Vgl. BGH, Urteil vom 21.2.2006 – X ZR 39/03 = MDR 2006, 984 = NZBau 2006, 456; Urteil vom 16.12.2003 – X ZR 282/02 = NJW 2004, 2165 = NZBau 2004, 283; Urteil vom 5.11.2002 – X ZR 232/00 = MDR 2003, 560 = NZBau 2003, 168; OLG Dresden, Urteil vom 9.3.2004 – 20 U 1544/03, VergabeR 2004, 484.

28 Ist dem Bieter wegen seiner Teilnahme am Vergabeverfahren ein anderes Geschäft entgangen, schließt das negative Interesse aber auch den insoweit entgangenen Gewinn ein.

blematisch ist. Gleichwohl hat der Bundesgerichtshof auch den Anspruch auf Ersatz des negativen Interesses in der Vergangenheit als davon abhängig angesehen, ob der Kläger bei in jeder Hinsicht ordnungsgemäßer Vorgehensweise des öffentlichen Auftraggebers den Auftrag hätte erhalten müssen. Der Bundesgerichtshof hat sich dabei von folgender Überlegung leiten lassen: Regelmäßig wenden zwar mehrere interessierte Unternehmen vergabebedingte Kosten auf. Bei vergaberechtsgemäßer Vorgehensweise des öffentlichen Auftraggebers kann aber immer nur ein Bieter diese Kosten amortisieren, sofern nicht der in der Praxis gänzlich unübliche Fall vorliegt, dass der öffentliche Auftraggeber in der Bekanntmachung oder der Ausschreibung nicht berücksichtigten Bietern eine Vergütung für ihre Aufwendungen versprochen hatte. Deshalb kommt auch im Falle eines vergaberechtswidrigen Verhaltens des öffentlichen Auftraggebers kein Ausgleich bei all denjenigen nicht berücksichtigten Bietern in Betracht, die bei ordnungsgemäßer Durchführung des Ausschreibungs- und Vergabeverfahrens den Zuschlag nicht erhalten hätten.[29] Diese Rechtsprechung bedeutet wiederum nichts anderes, als dass auch ein Anspruch auf Ersatz des negativen Interesses immer nur einem von mehreren Bietern zustehen kann.

V. Zwischenergebnis

Bei öffentlicher Beschaffung im Unterschwellenbereich kann man hiernach sicherlich nicht von einem Sekundärrechtschutz für Bieter sprechen, den die öffentlichen Auftraggeber sonderlich fürchten müssten. Bestenfalls kann ein Bieter anspruchsberechtigt sein; außerdem muss ein Kläger mit verschiedenen Unwägbarkeiten rechnen, welche das Verlangen nach Ersatz des positiven Interesses erschweren können. Deshalb könnte ein Hinweis interessant sein, den das Bundesverfassungsgericht für notwendig gehalten hat, als es entschieden hat, dass an dem aus Bietersicht unbefriedigenden Primärrechtsschutz im Unterschwellenbereich aus verfassungsrechtlichen Gründen nichts geändert werden muss. Denn in dem Beschluss vom 13.6.2006[30] kann man lesen: „Die Tatbestandsvoraussetzungen und Rechtsfolgen der Normen, aus denen sich ein Schadensersatzanspruch des erfolglosen Bieters ergeben kann, müssen in einer Weise bestimmt

29 BGH, Urteil vom 12.7.1984 – VII ZR 111/83 = BauR 1984, 631 = ZfBR 1984, 225; Urteil vom 26.3.1981 – VII ZR 185/80 = NJW 1981, 1673 = BauR 1981, 368; Urteil vom 5.12.1980 – I ZR 51/80 = NJW 1981, 1673 = MDR 1981, 644; ebenso OLG Hamburg, Urteil vom 22.5.2003 – 3 U 122/01.

30 BVerfG, Beschluss vom 13.6.2006 – 1 BvR 1160/03 = BVerfGE 116, 135 = NJW 2006, 3701 = NVwZ 2006, 1396.

werden, die seinem auf die Beachtung des Art. 3 Abs. 1 GG gerichteten Rechtsschutzinteresse hinreichend Rechnung trägt." Das kann man als Aufforderung an den Gesetzgeber verstehen, für Beschaffungen, die den Schwellenwert nicht erreichen, den Sekundärrechtsschutz bieterfreundlicher zu gestalten. Vielleicht soll dieser Hinweis aber auch die Gerichte anhalten, etwaige Gestaltungsräume des insoweit geltenden allgemeinen Schadensersatzrechts aufzuspüren und zu Gunsten des Rechtschutzinteresses nicht berücksichtigter Bieter zu nutzen.

VI. Bieterfreundlichere Rechtsprechung

Geht man dieser Frage nach, so scheint im Hinblick auf den Ersatz des positiven Interesses keine Änderung der Rechtsprechung möglich. Dieses Rechtsschutzziel kann auf dem Boden des geltenden Schadensersatzrechts schlechterdings nur erreichbar sein, wenn der öffentliche Auftraggeber den Auftrag tatsächlich an einen anderen erteilt hat, obwohl ohne den beanstandeten Vergaberechtsverstoß und bei auch ansonsten vergaberechtsgemäßem Vergabeverfahren gerade der Kläger den Auftrag hätte erhalten müssen. Denn anderenfalls gehörte die Möglichkeit, vom Auftraggeber einen über die Herstellungskosten hinausgehenden Gewinn oder auch nur einen Deckungsbeitrag zu erlangen, nicht zu dem unter dem Schutz der Rechtsordnung stehenden Vermögen dieses Bieters.

Was den Ersatz des negativen Interesses anbelangt, hat der Bundesgerichtshof hingegen durch zwei Entscheidungen[31] im vergangenen Jahr bereits zu einer Änderung der Rechtsprechung gefunden. Diese Korrektur führt dazu, dass insoweit jedenfalls nicht mehr nur ein Bieter anspruchsberechtigt sein kann. Das erschließt sich, wenn man in die Schadensbetrachtung auch die Möglichkeit des Bieters einbezieht, sich erst gar nicht an dem dann fehlerbehafteten Vergabeverfahren zu beteiligen. Denn wegen dieser Möglichkeit kann auch der einen Schaden haben, der vortragen kann, er hätte die Aufwendungen nie getätigt, wenn er zu diesem Zeitpunkt nicht darauf vertraut hätte, dass das vergaberechtswidrige Verhalten unterbleibt, zu dem es dann tatsächlich gekommen ist. Da diese Begründungslinie unabhängig von der Behauptung ist, man hätte den Auftrag erhalten müssen, kann das negative Interesse schon deshalb mehreren Bietern zu ersetzen sein. Außerdem kann natürlich auch die zweite Begründungslinie

31 Zunächst für einen Sonderfall (Verletzung einer Aufklärungspflicht) Urteil vom 27.6.2007 – X ZR 34/04 Tz. 14 = BGHZ 173, 33 = NJW 2008, 366 = NZBau 2007, 727 (ebenso OLG Dresden, Urteil vom 22.1.2008 – 20 U 821/07), sodann ganz allgemein bei Vergabefehlern Urteil vom 27.11.2007 – X ZR 18/07 Tz. 36 ff. = WRP 2008, 370 = ZfBR 2008, 299.

selbst bei mehreren Bietern zutreffen. Beim Anspruch auf Ersatz des negativen Interesses haben wir also nunmehr die Situation, dass der öffentliche Auftraggeber, der einen Regelverstoß begeht, befürchten muss, mit Erfolg von mehreren Bietern auf Schadensersatz in Anspruch genommen zu werden.

Der praktische Nutzen der zweiten Begründungslinie wird allerdings geschmälert dadurch, dass der sich hierauf berufende Bieter als Anspruchsteller dem Gericht die Überzeugung von einer alternativen Entscheidung vermitteln muss, also dass er sich nicht oder nicht so wie geschehen an dem Vergabeverfahren beteiligt hätte, wenn er um den Regelverstoß gewusst hätte. Das bedingt ein Beweisproblem, das sich auf dem Boden des geltenden Rechts kaum mindern lässt. Die zur sekundären Darlegungslast entwickelten Grundsätze helfen hier nicht, weil nur Umstände in der Sphäre des Klägers entscheidend sind. Die tatsächliche Vermutung aufklärungsrichtigen Verhaltens hat der Bundesgerichtshof bisher nur für anwendbar angesehen, wenn das rechtswidrige Verhalten in der Verletzung einer Aufklärungspflicht besteht. Aufklärungspflichtverletzungen kann es zwar auch in Vergabesachen geben.[32] Sie bilden hier aber sicherlich nicht das Gros der Regelverstöße. In der Praxis dürfte sich das Anwendungsgebiet der zweiten Begründungslinie deshalb vornehmlich auf Fälle beschränken, in denen der vorgekommene Vergabefehler geeignet ist, Bieterinteressen in besonderer Weise zu beeinträchtigen. Denn dann kann am ehesten schon die Lebenserfahrung dafür sprechen, dass sich ein Unternehmen nicht beteiligt hätte, wenn es hiervon gewusst hätte.

Bei dem auf Ersatz des negativen Interesses gerichteten Schadensersatzanspruch könnte noch eine weitere Änderung der Rechtsprechung in Betracht kommen. Ein solcher Anspruch ist zu verneinen, soweit der Anspruchsteller Kosten aufgewendet oder andere Nachteile auf sich genommen hat, obwohl er bereits um den im späteren Schadensersatzprozess beanstandeten Regelverstoß wusste.[33] Denn dann hat er sein Vermögen auf eigenes Risiko geschmälert. Nach der bisherigen Rechtsprechung kann es darüber hinaus aber auch schon zum völligen Ausfall des Anspruchs führen, wenn der Kläger bei der ihm im jeweiligen Fall zumutbaren Prüfung hätte erkennen müssen und können, dass der Auftraggeber sich in der fraglichen Weise pflichtwidrig verhalten hat,[34] oder wenn

32 Vgl. BGH, Urteil vom 27.6.2007, X ZR 34/04 Tz. 14 = BGHZ 173, 33 = NJW 2008, 366 = NZBau 2007, 727; OLG Dresden, Urteil vom 22.1.2008 – 20 U 821/07.

33 BGH, Urteil vom 27.6.2007 – X ZR 34/04 Tz. 8 = BGHZ 173, 33 = NJW 2008, 366 = NZBau 2007, 727.

34 BGH, Urteil vom 11.11.1993 – VII ZR 47/93 = BGHZ 124, 64, (70) = NJW 1994, 850 = BauR 1994, 236; Urteil vom 12.6.2001 – X ZR 150/99, NJW 2001, 3698 = DVBl 2001, 1603; vgl. auch OLG Köln, Urteil vom 14.2.2006 – 3 U 41/05.

sich dem Kläger (jedenfalls) die ernsthafte Gefahr eines Regelverstoßes hätte aufdrängen müssen.[35] Diese beiden Alternativen hat der Bundesgerichtshof der bewussten Risikoübernahme gleichgesetzt, obwohl der Bieter hier tatsächlich auf ein regelgerechtes Vergabeverfahren und darauf vertraut haben kann, keine unnütze Aufwendung zu tätigen. Denn nach bisheriger Auffassung des Bundesgerichtshofs wäre ein solches Vertrauen regelmäßig jedenfalls nicht schutzwürdig. Diese Bewertung bedeutet freilich, dass bereits einfache Fahrlässigkeit des Bieters dazu führen kann, dass ein Anspruch erst gar nicht entstehen kann. Der Schadensersatzanspruch unterliegt damit strengeren Voraussetzungen als die Zulässigkeit eines Nachprüfungsantrags, weil insoweit regelmäßig nur positive Kenntnis schadet.[36] Jedenfalls dann, wenn dem Anspruchsteller lediglich vorzuwerfen ist, auf Grund einfacher Fahrlässigkeit den Regelverstoß des öffentlichen Auftraggebers nicht erkannt zu haben, könnte deshalb in Betracht zu ziehen sein, § 254 BGB nutzbar zu machen. Das hätte zur Folge, dass dem Bieter immerhin ein nach Maßgabe der beiderseitigen Verursachungsbeiträge geminderter Schadensersatzanspruch zugesprochen werden könnte.

VII. § 126 Satz 1 GWB

Im Hinblick auf den erwähnten Hinweis des Bundesverfassungsgerichts ist es schon der Hervorhebung wert, dass der Gesetzgeber für den Oberschwellenbereich nicht nur einen besonderen Primärrechtsschutz geschaffen hat, sondern meinte, auch den Sekundärrechtsschutz durch Einführung einer Anspruchsgrundlage ausschließlich für diesen Bereich abweichend von den allgemeinen Schadensersatznormen gestalten zu müssen. Denn mit § 126 Satz 1 enthält das Gesetz gegen Wettbewerbsbeschränkungen für Fälle, in denen der öffentliche Auftraggeber gegen eine bieterschützende Vergabevorschrift verstoßen hat, eine selbstständige[37] und, wie der Bundesgerichtshof entschieden hat,[38] verschuldensunabhängige zivilrechtliche Anspruchsgrundlage. Diese ist auf Ersatz der Kosten gerichtet, die einem nicht berücksichtigten Bieter für die Vorbereitung seines Angebots oder seine Teilnahme an dem Vergabeverfahren entstanden

35 BGH, Urteil vom 3.6.2004 – X ZR 30/03 = NZBau 2004, 517 = VergabeR 2004, 604.

36 § 107 Abs. 3 Satz 1 GWB.

37 KG, Urteil vom 14.8.2003 – 27 U 264/02 = NZBau 2004, 1671.

38 BGH, Urteil vom 27.11.2007 – X ZR 18/07 Tz. 21, 23 = WRP 2008, 370 = ZfBR 2008, 299.

sind. Es geht hier also allein um den Ersatz des sogenannten negativen Interesses.

Mit § 126 Satz 1 GWB vermeidet das Vergaberecht selbst, was die frühere Schadensersatzrechtsprechung geprägt und dazu geführt hatte, dass ein Anspruch auf Aufwendungsersatz immer nur einem von mehreren Bietern zustehen konnte. Denn der neue Ersatzanspruch ist nicht davon abhängig, dass der Anspruchsteller den Auftrag erhalten hätte. Die erforderliche Kausalität ist vielmehr bereits gegeben, wenn der nicht berücksichtigte Anspruchsteller eine – wie es die Vorschrift formuliert – „echte Chance" auf den Auftrag hatte. Bei Beschaffungen, die den Schwellenwert erreichen, wird deshalb durch die seit 1.1.1999 geltende Anspruchsgrundlage die Möglichkeit eröffnet, dass mehrere Bieter zugleich jedenfalls ihre ausschreibungsbedingten Kosten ersetzt verlangen können.

Auch hier liegt die Tücke freilich im Detail. Dies beruht auf der Wortwahl „echte Chance". Als Rechtsanwender kann man über eine solche Wortwahl nicht glücklich sein. Denn diesem Begriff fehlt die für eine rechtssichere Anwendung erforderliche Kontur. Er ist aus einer EU-Richtlinie[39] – man verzeihe den Ausdruck – abgeschrieben, und das auch noch, ohne dass es hierfür eine Notwendigkeit gegeben hätte. Denn besagte Richtlinie betrifft nur die Beschaffung durch Sektorenauftraggeber. Ein Begriff wie „echte Chance" mag ja als richtlinienhafte Vorgabe auch durchaus taugen. Als materiellrechtliche Anspruchsvoraussetzung kann er aber nur zu Schwierigkeiten bei der Umsetzung im Einzelfall führen.

Das hat sich dann auch bewahrheitet, als der Bundesgerichtshof das erste Mal mit § 126 Satz 1 GWB befasst war. Dabei ging es um eine nicht hinreichend spezifizierte und unklare Ausschreibung. Sie wurde von den Bietern verschieden verstanden und führte deshalb zu sachlich unterschiedlichen Geboten.[40] Das hatte zur Folge, dass kein sachgerechter Vergleich möglich war und es kein wertbares Angebot gab. Als Ergebnis blieb daher nur die Feststellung, dass es auch keine echte Zuschlagschance gegeben habe. Verallgemeinert man das, so kann gerade bei einem besonders schwerwiegenden Vergabefehler des öffentlichen Auftraggebers § 126 Satz 1 GWB als Ersatznorm versagen. Der Zweck der Vorschrift, die Anspruchsberechtigung zu verbreitern, wird danach jedenfalls in den Fällen nicht erreicht, in denen es gerade sachgerecht sein könnte, dass der öffentliche Auftraggeber mehreren oder gar allen Bietern die aufgewendeten Kosten ersetzt.

39 Art. 2 Abs. 7 der Richtlinie 92/13EWG vom 25.2.1992 – ABl. Nr. L 76 vom 23.3.1992, 14.

40 BGH, Urteil vom 1.8.2006 – X ZR 146/03 Tz. 13 = MDR 2007, 405 = NZBau 2007, 58.

Ein nicht berücksichtigter Bieter sollte sich aber auch sonst nicht allzu viel davon versprechen, dass nach § 126 Satz 1 GWB der Anspruch auf Kostenersatz mehreren zustehen kann. Das folgt aus der bereits in anderem Zusammenhang angesprochenen Entscheidung des Bundesgerichtshofs vom 27.11.2007.[41] Der nicht zum Zuge gekommene klagende Bieter hatte hier das preislich an zweiter Stelle liegende Angebot abgegeben und sich als anspruchsberechtigt angesehen, weil er damit ganz vorne in der Spitzengruppe der Bieter gelegen habe und allemal in die engere Wahl gekommen wäre. Diesen Gesichtspunkt hat der Bundesgerichtshof jedoch nicht gelten lassen. Echte Chance bedeute nicht Spitzengruppe oder engere Wahl; echt sei die Chance vielmehr erst dann, wenn es innerhalb des Wertungsspielraums gelegen hätte, auf das betreffende Angebot den Zuschlag zu erteilen. Das sei im Einzelfall unter Berücksichtigung der für die Auftragserteilung vorgesehenen Wertungskriterien und deren Gewichtung zu prüfen. Im Streitfall musste diese Prüfung gegen den Anspruchsteller ausfallen, weil nach den Feststellungen des Oberlandesgerichts davon auszugehen war, dass der öffentliche Auftraggeber den Preis des Angebots als alleiniges Wertungskriterium festgelegt hatte. Gerade insoweit war das Angebot des Anspruchstellers aber hinter dem Angebot eines anderen Bieters zurückgeblieben.

Allgemein gesprochen bedeutet die soeben skizzierte Auslegung der Vorschrift durch den Bundesgerichtshof: Der Anwendungsbereich von § 126 Satz 1 GWB ist sehr begrenzt. Gleich mehreren Bietern gewährt die Vorschrift nur dann einen Ersatzanspruch, wenn deren Angebote nach den entscheidungserheblichen Wertungskriterien des Einzelfalls praktisch übereinstimmen und deshalb der Zuschlag ohne Wertungsfehler auf jedes dieser Angebote hätte erteilt werden können.

VIII. Resümee

Die Erkenntnis, dass § 126 Satz 1 GWB voraussichtlich nur in wenigen Fällen zum Erfolg führen wird, wenn eine Beschaffung zu beurteilen ist, die den Schwellenwert erreicht, mag bei der Beantwortung der Frage eingeflossen sein, in welchem Konkurrenzverhältnis diese Vorschrift zu den allgemeinen Anspruchsgrundlagen des Zivilrechts steht. Denn der Bundesgerichtshof hat nicht etwa angenommen, bei Beschaffungen außerhalb des Vergaberegimes des Gesetzes gegen Wettbewerbsbeschränkungen komme § 126 Satz 1 GWB Spezialität

41 X ZR 18/07 = WRP 2008, 370 = ZfBR 2008, 299.

für den Ersatz der dort genannten Kosten zu, obwohl eine solche Einordnung auch angesichts des Wortlauts des Satzes 2 dieser Bestimmung durchaus hätte in Betracht kommen können. Der Bundesgerichtshof hat vielmehr – ohne dies näher zu begründen – gemeint, eine wie auch immer zu verstehende Exklusivität für Ansprüche auf Ersatz des negativen Interesses sei § 126 Satz 1 GWB nicht zu entnehmen.[42] Für die Praxis heißt das, dass trotz der unterschiedlichen Rechtslage im Oberschwellen- wie im Unterschwellenbereich doch – ergänzend oder allein – die allgemeinen Schadensersatznormen zu prüfen sind, wenn ein nicht berücksichtigter Bieter Sekundärrechtsschutz wegen eines Vergabefehlers des öffentlichen Auftraggebers erstrebt.

42 BGH, Urteil vom 27.11.2007 – X ZR 18/07 Tz. 32 = WRP 2008, 370 = ZfBR 2008, 299.

Planungsprojekte – Investorenauswahl und Vergaberecht

*Heinz-Peter Dicks**

I. Einleitung

Die Ahlhorn-Entscheidung und die Folgeentscheidungen des OLG Düsseldorf – genau genommen ist es spätestens schon das Roanne-Urteil des Gerichtshofs der Europäischen Gemeinschaften (im Folgenden: EuGH) – haben in den davon betroffenen Kommunen überwiegend eine prononcierte Ablehnung erfahren. Von neuem ergreift das Vergaberecht ein Gebiet, auf dem es nur weiteren bürokratischen Aufwand auslöst. Das Vergaberecht ist mit den Erfordernissen der Städteplanung nicht in Einklang zu bringen. Durch den Abschluss von Investorenverträgen wird vom Auftraggeber gar nichts beschafft, sondern lediglich Grundbesitz veräußert und Städtebaurecht angewandt – allesamt Vorgänge, die mit dem Vergaberecht nichts zu tun haben. So und ähnlich lautet die Kritik, wohingegen andere inzwischen konsequent dazu überzugehen scheinen, Investorenverträge auszuschreiben[1] und dabei feststellen, dass dies auch eine Reihe von Vorzügen haben kann. Der Hinweis auf das Fehlen eines Beschaffungscharakters ist jedoch ernstzunehmen. Im Folgenden soll sowohl darauf als auch auf die tatsächlichen und rechtlichen Hintergründe der Entscheidungen des OLG

* Heinz-Peter Dicks ist Vorsitzender Richter am OLG Düsseldorf.

1 Vgl. Drey, Behördenspiegel März 2008, 20.

Düsseldorf eingegangen und der Versuch unternommen werden, einige Grenzlinien aufzuzeigen, diesseits derer das Vergaberecht nicht, jedenfalls nicht unbedingt, anzuwenden ist.

II. Die Ahlhorn-Entscheidung des OLG Düsseldorf

Der Ahlhorn-Beschluss des OLG Düsseldorf[2] bildete die erste Reaktion der nationalen Gerichte auf die Roanne-Entscheidung des Gerichtshofs.[3] Die Roanne-Entscheidung erging nach Einlegung der Beschwerde. Infolgedessen hielten sich die „Parteien,"[4] und zwar auch die Antragstellerin des Nachprüfungsverfahrens, bei der Argumentation bemerkenswert zurück. Der Bund, damals Antragsgegner, setzte sich mit dem Urteil des EuGH schriftsätzlich erst nach Schluss der mündlichen Verhandlung auseinander. Die Gemeinde, die der Senat mit warnendem Unterton beigeladen hatte,[5] hielt eine Beteiligung am Verfahren sogar ausdrücklich für entbehrlich, da sie davon nicht betroffen sei. All dies hat den Senat bewogen, sich im Ahlhorn-Beschluss in der Diktion bis in die Formulierungen hinein so weit wie möglich an die Gründe der Roanne-Entscheidung des EuGH zu halten und nur den konkreten Fall zu beurteilen, obwohl durchaus klar war, dass es ähnliche Fallgestaltungen gibt, für die eine Abgrenzung zum vergaberechtsfreien Raum (mit anderen Worten ein obiter dictum) hilfreich sein konnte. Im Grunde ist der Senat auch bei den späteren Entscheidungen nicht anders verfahren. Rückschauend betrachtet hat er recht gehandelt. Denn manche Abgrenzungskriterien, die der Senat in Erwägung gezogen hat, sind aufgrund des Meinungsaustauschs mit Verfahrensbeteiligten und besserer Erkenntnis später verworfen oder doch in Zweifel gezogen worden.

1. Die EG-rechtliche Ableitung

Fest steht aber: Die vergaberechtliche Beurteilung von Investorenverträgen ist europarechtlich, und zwar durch die Begriffsbestimmung des öffentlichen Bauauftrags in der Richtlinie 2004/18/EG und die Entscheidungspraxis des EuGH,

2 OLG Düsseldorf, Beschluss vom 13.6.2007 – VII-Verg 2/07 = NZBau 530 = VergabeR 2007, 634.

3 EuGH, Urteil vom 18.1.2007 – C-220/05 („Roanne-Urteil") = NZBau 2007, 185 = VergabeR 2007, 183.

4 Richtigerweise: die Verfahrensbeteiligten.

5 OLG Düsseldorf, Beschluss vom 13.2.2007 – VII-Verg 2/07 = NZBau 2007, 608 = BeckRS 2007, 04814 = VergabeR 2007, 406.

dem die verbindliche Interpretation des EG-Rechts zukommt, determiniert. Sofern danach – so die vom OLG Düsseldorf bislang entschiedenen Fälle – bei richtlinienkonformer Auslegung Investorenverträge als öffentlicher Bauauftrag (§ 99 Abs. 3 GWB) oder als Baukonzession (§ 6 Abs. 1 VgV) dem Vergaberechtsregime unterliegen, sind anderslautende Entscheidungen nationaler Gerichte, die dies aus welchen Gründen auch immer verneint haben,[6] obsolet. Eine Divergenz zu jenen Entscheidungen gebietet keine Vorlage an den Bundesgerichtshof. Die Vorlagepflicht[7] nach § 124 Abs. 2 GWB ist einschränkend dahin auszulegen, dass das nationale Gericht ohne eine Vorlage in der Sache selbst zu entscheiden hat, wenn der EuGH die streitige Rechtsfrage in einem anderen Verfahren bereits, und zwar so entschieden hat, wie das nationale Gericht sie entscheiden will.[8] Die Einschränkung beruht auf dem Vorrang des Gemeinschaftsrechts.[9] Auf eine Vorlage ist der BGH demgegenüber nur zu einer Auslegung des nationalen Vergaberechts berufen. Das nationale Vergaberecht scheint indes nicht geeignet, auf die drängenden Fragen Antworten zu geben.[10]

2. Die EG-rechtlichen Vorgaben

Im Roanne-Urteil hat der EuGH bei der Vergabe eines öffentlich-rechtlichen Raumordnungsvertrags mindestens zwei Varianten des öffentlichen Bauauftrags[11] als erfüllt angesehen. Die zweite Variante war gegeben, da das Bauwerk

6 So z. B. BayObLG, Beschluss vom 19.10.2000 – Verg 9/00, NZBau 2002, 108, Parkgagrage; OLG Düsseldorf, Beschluss vom 5.5.2004 – Verg 78/03, NZBau 2004, 398 = VergabeR 2004, 624, Nachbarschaftshilfe; VGH Kassel, Beschluss vom 20.12.2005 – 3 TG 3035/05 = ZfBR 2006, 806.

7 Vgl. die Garantie des gesetzlichen Richters in Art. 101 Abs. 1 GG sowie dazu BVerfG, Beschluss vom 29.7.2004 – 2 BvR 2248/03 = NZBau 2004, 564 = VergabeR 2004, 597.

8 So auch BGH, Beschluss vom 27.11.1984 – 1 StR 376/84 = BGHSt 33, 76, 78 f. und Herdegen, MDR 1985, 542 f. für die Vorlagepflicht nach § 121 Abs. 2 GVG; Meyer-Holz in Keidel/Kuntze/Winkler (Hrsg.), Freiwillige Gerichtsbarkeit, 15. Aufl., § 28 FGG Rn. 18 m. w. N. für die Vorlagepflicht gemäß § 28 Abs. 2 FGG. Dazu ist zu bemerken: § 121 Abs. 2 GVG und § 28 Abs. 2 FGG normieren mit § 124 Abs. 2 GWB wortlautidentische Vorlagepflichten.

9 Vgl. zum Ganzen auch OLG Düsseldorf, Beschluss vom 6.2.2008 – VII-Verg 37/07, Oer-Erkenschwick, BA 16 f.

10 Siehe dazu die oben in Fn. 6 zitierten Entscheidungen des BayObLG und des OLG Düsseldorf, die – in einem gegenständlich zu verstehenden Sinn – noch auf das in den §§ 97 Abs. 1, 99 Abs. 2, Abs. 6 GWB (n. F.) erwähnte, der öffentlichen Auftragsvergabe immanente Beschaffungselement abgestellt haben.

11 Mögliche Varianten eines öffentlichen Bauauftrags nach Art. 1 Abs. 2 b) der Richtlinie 2004/18/EG und § 99 Abs. 3 GWB sind: Variante eins: Ausführung oder Planung und Ausführung eines Bauvorhabens, das Bautätigkeiten im Sinne der Anlage I der Richtlinie erfordert; Variante zwei: Ausführung oder Planung und Ausführung eines Bauwerks, das seinem Wesen nach eine wirtschaftliche oder technische Funktion erfüllen soll; Variante drei: Erbringung einer Bauleistung durch Dritte (gleichgültig mit welchen Mitteln) gemäß vom Auftraggeber genannten Erfordernissen.

wirtschaftlichen Tätigkeiten offenstehen[12] und infolgedessen die städtische Infrastruktur verbessern sollte.[13] Die dritte Variante lag vor, weil die Stadt Roanne in der Vereinbarung detaillierte[14] Erfordernisse für die Errichtung der baulichen Anlage aufgestellt hatte (Multiplex-Kino, Räumlichkeiten für bestimmte Dienstleistungen, Parkplatz), mit denen in ihrer Gesamtheit versucht werden sollte, das Bahnhofsviertel durch ein Freizeitzentrum aufzuwerten und zu beleben.[15] Streng genommen war zudem ein Bauauftrag nach Variante eins anzunehmen: Denn die Errichtung des Freizeitzentrums erforderte Bauleistungen nach dem Anhang I der Richtlinie.[16] An der Roanne-Entscheidung sind, abgesehen davon, dass ein Bauauftrag, jedoch keine Baukonzession vorlag, da die Stadt Roanne (nicht die Beauftragte SEDL) das wirtschaftliche Risiko des Geschäfts trug, in der gegenwärtigen Diskussion vor allem zwei Begründungselemente hervorzuheben:

Erstens hat der EuGH die nationale Rechtsnatur des öffentlich-rechtlichen Raumordnungsvertrages als für die vergaberechtliche Beurteilung unmaßgeblich erklärt.[17] Der Umstand, dass Investorenverträge in einem städtebaulichen (öffentlich-rechtlichen) Regelungszusammenhang mit spezifischen, gegenüber dem Vergaberecht unterschiedlichen Zwecken, nämlich jenen der Städteplanung, stehen, führt demnach nicht aus dem Anwendungsbereich des Vergaberechts hinaus.[18]

Zweitens hat der EuGH die Schlussanträge der Generalanwältin mit den Worten bestätigt, ein öffentlicher Bauauftrag sei unabhängig davon gegeben, ob der öffentliche Auftraggeber Eigentümer des gesamten Bauwerks oder eines Teils davon ist oder wird.[19] Der öffentliche Auftraggeber kann das zu errichtende Bauwerk mithin selbst nutzen oder es der Allgemeinheit oder einzelnen (auch privaten) Dritten zur Verfügung stellen.[20] Eine Kritik an den Beschlüssen des OLG

12 EuGH, a. a. O., Rn. 41.

13 Schlussanträge der Generalanwältin, Rn. 33.

14 So die Schlussanträge der Generalanwältin, Rn. 33.

15 EuGH, a. a. O., Rn. 42.

16 Vgl. die Schlussanträge der Generalanwältin, Rn. 33.

17 EuGH, a. a. O., Rn. 40 unter Hinweis auf EuGH, Urteil vom 20.10.2005 – C-264/03, Slg. 2005, I-8831 = VergabeR 2006, 54, Kommission./.Frankreich, Rn. 36.

18 So auch bereits EuGH, Urteil vom 12.7.2001 – C-399/98 = NZBau 2001, 512 = VergabeR 2001, 380, Commune di Milano, Teatro alla Scala, Teatro alla Bicocca, Rn. 66.

19 EuGH, a. a. O., Rn. 47 bei der Beantwortung der ersten Vorlagefrage, die dahin ging, ob die in Rede stehende Vereinbarung einen öffentlichen Bauauftrag darstellt.

20 Schlussanträge der Generalanwältin in der Rechtssache Roanne Rn. 42.

Düsseldorf muss sich mit diesen sehr deutlichen Sätzen des Roanne-Urteils und der zu seiner Interpretation heranzuziehenden Schlussanträge der Generalanwältin auseinandersetzen. Denn daran zeigt sich, dass die Anwendung des Vergaberechts vom künftigen Verwendungszweck der Sache (hier des Bauwerks) und folglich auch von der Deckung eines gegenständlichen Beschaffungsbedarfs des öffentlichen Auftraggebers losgelöst ist.[21] Die Richtlinienziele – Aufhebung von Beschränkungen der Grundfreiheiten des EG-Vertrags (Dienstleistungs- und Niederlassungsfreiheit) und Öffnung des öffentlichen Auftragswesens für den Wettbewerb – sind in Gestalt möglicher und vom Vergaberecht missbilligter Wettbewerbsverzerrungen (durch Bevorzugung einzelner Marktteilnehmer) nämlich immer schon dann gefährdet, wenn öffentliche Auftraggeber überhaupt einen Bauauftrag vergeben, gleichviel, aus welchen Gründen und in welchem Zusammenhang das Bauwerk errichtet werden und welchen Verwendungszweck es haben soll.[22] Wenn es auf den Verwendungszweck nicht ankommt, dann ist die Anwendung des Vergaberechts ebenso wenig davon abhängig zu machen, ob das Bauwerk gegenständlich vom öffentlichen Auftraggeber und für ihn beschafft werden soll. Eine irgendwie geartete gegenständliche oder wirtschaftliche Beschaffung für Zwecke des öffentlichen Auftraggebers ist für die Anwendung des Vergaberechts darum nicht erforderlich. Eine solche Beschaffung lag auch im Roanne-Fall nicht vor. Allein der Umstand, dass die Stadt Roanne Eigentümerin eines Parkplatzes werden und bei Projektende diejenigen Grundstücke und baulichen Anlagen übernehmen sollte, die nach dem Vertrag zur Veräußerung an Dritte bestimmt waren und noch nicht verkauft sein würden, qualifizierte den Vertrag nicht als öffentlichen Bauauftrag. Dies ist vom EuGH nicht anders gewürdigt worden, wie sich allein aus seiner die Vorlagefrage beantwortenden Aussage ergibt, ein öffentlicher Bauauftrag sei unabhängig davon anzunehmen, ob der öffentliche Auftraggeber Eigentümer des gesamten Bauwerks oder eines Teils davon ist oder wird.[23] Ein Beschaffungselement kann im Fall Roanne auch nicht darin gesehen werden, dass die Stadt Roanne dem Auftragnehmer weitreichende Garantien gegeben und am Ende das wirtschaftliche Risiko des Ge-

21 Vgl. auch EuGH, Urteil vom 15.1.1998 – C-44/96, Slg. 1998, I-73 = WuW/E Verg 23 = EuZW 1998, 120, Mannesmann Anlagenbau/Strohal Rotationsdruck, Rn. 32; Urteil vom 18.11.2004 – C-126/03 = NZBau 2005, 49 = WuW/E Verg 1049, Kommission./.Deutschland, Heizkraftwerk München, Rn. 18; Urteil vom 11.1.2005 – C- 26/03 = NZBau 2005, 111 = VergabeR 2005, 44, Stadt Halle u. a., TREA Leuna Rn. 26 sowie die Schlussanträge der Generalanwältin in der Rechtssache Roanne Rn. 42.

22 Vgl. Schlussanträge der Generalanwältin in der Rechtssache Roanne Rn. 43 m. w. N.

23 EuGH Roanne Rn. 47. Wie der Begründungszusammenhang erkennen lässt, ist vom EuGH auch das Argument der französischen Regierung, abgelehnt worden, nur die Errichtung eines öffentlichen Parkplatzes könne einen öffentlichen Bauauftrag darstellen (vgl. dazu auch Rn. 33 der Entscheidung).

schäfts übernommen hat. Mit dieser Begründung hat der EuGH den von ihm angenommenen Bauauftrag lediglich gegen eine Baukonzession abgegrenzt.[24]

Aufgrund dessen erweist sich: Es gibt in dem für das Verständnis des nationalen Vergaberechts maßgebenden EG-Recht keine übergeordnete Prämisse, wonach die Auftragsvergabe einen gegenständlichen Beschaffungszweck für den öffentlichen Auftraggeber aufweisen muss. Also darf es sie – wenn nicht ein in der Richtlinie ungenanntes Tatbestandsmerkmal in § 99 GWB hineininterpretiert werden soll – auch im nationalen Vergaberecht nicht geben.[25] Das Vergaberecht ist gerade nicht nur ein reines „Einkaufsrecht" der öffentlichen Hand (Leistung gegen Entgelt), sondern ist unter dem an alle Instanzen der Mitgliedstaaten einschließlich der Gerichte adressierten Gebot, den Vergaberichtlinien zu praktischer Wirksamkeit zu verhelfen (effet utile), im Sinn einer Kontrollüberlegung prinzipiell immer dann anzuwenden, wenn der Auftrag auf einem Markt vergeben werden soll, auf dem der Auftragnehmer mit konkret oder potentiell interessierten Unternehmen in einem Wettbewerb um den Auftrag steht.[26] Auch in den vom OLG Düsseldorf entschiedenen Fällen hatten sich anfangs durchweg mehrere Unternehmen um den Auftrag beworben. Sie hatten sich davon nur zurückgezogen, nachdem sie erkannten, dass die Kommune einen anderen Investor favorisierte. Bei der Investorenauswahl wird auch nicht die Veräußerung öffentlichen Grundstücksvermögens als solche dem Vergaberecht unterworfen. Grundstücksgeschäfte der öffentlichen Hand unterliegen dem Vergaberecht nur, sofern sie neben dem Verkauf in Gestalt eines öffentlichen Bauauftrags einen Überhang aufweisen.

3. Der Beschaffungszweck

Die Ahlhorn-Entscheidung des OLG Düsseldorf und die Folgeentscheidungen werden zuweilen fehlsam dahin gedeutet, der öffentliche Bauauftrag erfordere keinerlei Beschaffungszweck, könne also gewissermaßen „zwecklos" sein. Das stimmt nicht. Der Senat hat mit diesbezüglichen Ausführungen lediglich klarstellen wollen, dass der Bauauftrag in einem körperlich zu verstehenden Sinn keinen Beschaffungscharakter für den öffentlichen Auftraggeber haben muss.

---

24 Vgl. EuGH a. a. O. Rn. 45 sowie die Schlussanträge der Generalanwältin Rn. 46.

25 Gerade die Gründe des in Sachen der Rundfunkanstalten jüngst ergangenen Urteils des EuGH (Urteil vom 13.2.2007 – C-337/06 = VergabeR 2008, 42) sind als deutliche Warnung vor einer Überinterpretation der Vergabevorschriften zu verstehen.

26 Vgl. EuGH Urteil vom 11.5.2006 – C-340/04 = EuZW 2006, 375, Carbotermo sowie auch Boesen, Anm. zu EuGH, Urteil vom 18.1.2007 – C-220/05 = EuZW 2007, 121, 122.

Indes verfolgt jeder öffentliche Auftrag einen bestimmten, hauptsächlichen Zweck. Nur kommt es im Vergaberecht nicht darauf an, dass dieser Zweck (körperlich) in einer Eigenbedarfsdeckung für den öffentlichen Auftraggeber besteht. In einem nicht gegenständlichen, übertragenen Sinn offenbaren aber auch Investorenverträge durchaus ein Beschaffungselement. Denn der öffentliche Auftraggeber erhält kraft des Vertrages die rechtliche Befugnis sicherzustellen, dass das zu errichtende Bauwerk einer konkreten, zumeist einer öffentlichen Zweckbestimmung zugeführt wird und dafür zur Verfügung steht (ein – wenn man so will – mittelbares Eigeninteresse des öffentlichen Auftraggebers an der Verwendung).[27] In den vom Vergabesenat des OLG Düsseldorf bislang entschiedenen Fällen – Ahlhorn[28], Wuppertal-Vohwinkel[29] und Oer-Erkenschwick[30] – war in diesem Sinn ein öffentlicher Beschaffungszweck festzustellen, der in der Sicherung einer vom Auftraggeber artikulierten, geordneten städtebaulichen Entwicklung bestand. In jedem Fall ist unverzichtbar, dass die Verfügungsbefugnis des öffentlichen Auftraggebers auf dem öffentlichen Bauauftrag beruht und dass die öffentliche Zweckbestimmung gerade auch die Verfügung über das zu errichtende Bauwerk gewährleisten soll. Wenn das so ist, liegt ein öffentlicher Bauauftrag nach der zweiten Variante von § 99 Abs. 3 GWB vor. Das Bauwerk soll eine bestimmte wirtschaftliche Funktion erfüllen.

III. Die Folgeentscheidungen des OLG Düsseldorf

Während allen Entscheidungen des OLG Düsseldorf gemeinsam ist, dass sie sich – anders als der EuGH – mit Baukonzessionen (d. h. Befugnis zur Selbstnutzung, Vermietung oder Veräußerung, vgl. § 6 Abs. 1 VgV) befassen, ist an dem Wuppertal-Vohwinkel betreffenden Beschluss des Vergabesenats[31] die Aussage hervorzuheben, dass die dritte Variante des § 99 Abs. 3 GWB – so sie denn einen Sinn haben soll – keiner Verpflichtung des Auftragnehmers zu einer Bauleistung bedarf. Außerdem waren vom Auftraggeber Erfordernisse an das Bauwerk gestellt worden, die über die Festsetzungen eines bestehenden Bebauungsplans hinausgingen.

27 Vgl. EuGH, Urteil vom 12.7.2001 – C-399/98 = NZBau 2001, 512 = VergabeR 2001, 380, Commune di Milano, Teatro alla Scala, Teatro alla Bicocca, Rn. 71.

28 Beschluss vom 13.6.2007 – VII-Verg 2/07 = NZBau 2007, 530 = VergabeR 2007, 634.

29 Beschluss vom 12.12.2007 – VII-Verg 30/07 = VergabeR 2008, 99, Wuppertal-Vohwinkel.

30 Beschluss vom 6.2.2008 – VII-Verg 37/07, Oer-Erkenschwick.

31 Beschluss vom 12.12.2007 – VII-Verg 30/07 = VergabeR 2008, 99.

Im Fall Oer-Erkenschwick[32] hat der Vergabesenat des OLG Düsseldorf genauso wie im Wuppertaler Fall einen öffentlichen Bauauftrag nach der zweiten und dritten Variante von § 99 Abs. 3 GWB bejaht. Ferner hatte sich der Senat mit dem Begriff der Baukonzession auseinanderzusetzen. Dazu hat er ausgeführt: Die Definition der Baukonzession enthält kein Tatbestandsmerkmal, wonach der Konzessionär kein Eigentum am Bauwerk erwerben darf oder das Eigentum nach Ablauf eines Konzessionszeitraums auf den öffentlichen Auftraggeber übergehen muss. Soll der Konzessionär Eigentümer werden, kann auch nicht so getan werden, als beruhe seine Befugnis, das Bauwerk zu nutzen und zu verwerten, auf einem von der Erteilung des Bauauftrags unabhängigen Übertragungsakt des öffentlichen Auftraggebers. Die Gegenauffassung lässt unberücksichtigt, dass die Eigentümerstellung vom Auftraggeber abgeleitet ist und der Konzessionär mit der Eigentumsübertragung erst das Recht zur Nutzung des späteren Bauwerks erwirbt. Der Grundstückskaufvertrag und der Bauauftrag hängen zusammen. Die Verträge sind deshalb auch rechtlich in einer Zusammenschau zu betrachten.[33] Bei einer anderen Sichtweise sind unerwünschte Umgehungen des Vergaberechts zu erwarten, die seiner Zielsetzung und dem „effet utile" widersprechen. Dass die Beigeladene im Gegenzug einen Kaufpreis an die Antragsgegnerin zahlt, rechtfertigt keine andere rechtliche Beurteilung. Denn es stellt kein gesetzliches Merkmal der Baukonzession dar, dass sie unentgeltlich zu gewähren ist.

IV. Abgrenzungsfragen

Für die Rechtssicherheit sind indes Abgrenzungen und eine für Rechtsanwender einigermaßen praktikable Begriffsbestimmung der Erfordernisse nach der dritten Variante des § 99 Abs. 3 GWB notwendig.[34] Der dritten Variante kommt in der Praxis die wohl größte Bedeutung zu.

Erfordernisse (Vorgaben) müssen auf das einzelne, individuelle Bauvorhaben bezogen sein und die Planung und/oder die Art und Weise der Bauausführung inhaltlich regeln. Sie haben ihren inneren Grund in der (öffentlichen) Zweckbestimmung des Bauwerks. Die Befugnis des öffentlichen Auftraggebers, Erfordernisse aufzustellen, muss deshalb gerade auf dem Bauauftrag beruhen. Aufgrund

32 Beschluss vom 6.2.2008 – VII-Verg 37/07.

33 Vgl. EuGH, Urteil vom 10.11.2005 – C-29/04 = VergabeR 2006, 47, Stadt Mödling, Rn. 40 ff.

34 Zur Definition der zweiten Variante des § 99 Abs. 3 GWB s. o. unter Fn. 11.

dessen muss dem öffentlichen Auftraggeber eine Rechtsstellung zukommen, und er muss eine solche Rechtsposition im konkreten Fall auch ausnutzen, die funktional betrachtet der eines Bauauftraggebers (Bauherrn) gleichkommt. Dagegen spielt keine Rolle, ob der öffentliche Auftraggeber elementare oder nur weniger wichtige inhaltliche Erfordernisse stellt.[35] Auch an den Konkretisierungsgrad von Erfordernissen sind keine hohen Anforderungen zu richten.[36] Rein nutzungsbezogene Vorgaben und solche, die auf kommunaler Rechtssetzung beruhen (Bebauungsplan),[37] scheiden aus dem Begriff der Erfordernisse aufgrund dessen aus. Dasselbe hat für Bauverpflichtungen zu gelten, die ausschließlich einer Verhinderung von Grundsstücksspekulation dienen.

Zudem werden Bauwerke, die bei funktionaler Betrachtung keine öffentliche Zweckbestimmung erfüllen sollen und die deshalb nicht der Herrschaft der Vergabebehörde unterliegen (Einzelbauvorhaben eines selbst nutzenden Bauherrn), vom Vergaberechtsregime grundsätzlich nicht erfasst.[38]

Davon abgesehen: Im Ansatz[39] ist Vergaberecht genauso wenig anzuwenden, wenn der Auftragnehmer bereits Eigentümer der Grundflächen ist, auf denen das Bauwerk errichtet werden soll (faktische und rechtliche Monopolstellung).[40] Soll das Bauwerk hingegen auf Grundstücken errichtet werden, die neben dem Investor zum Teil auch Dritten oder dem Auftraggeber selbst gehören, ist die Auftragsvergabe von einer Anwendung des Vergaberechts nicht befreit. Übrig bleiben jene Grundstücke, die sich trotz lang anhaltender Bemühungen nicht haben veräußern lassen. Was sollte in diesen Fällen aber dagegen sprechen, mit demjenigen Interessenten, der auf eine gehörige Bekanntmachung ausfindig gemacht worden ist, allein zu verhandeln und abzuschließen?

Auch private Initiativen zur Stadtentwicklung (Business Improvement Districts – BID) nach § 171 f BauGB[41] unterliegen dem Vergaberechtsregime. Bei Erreichen des Schwellenwerts ist der Verantwortliche in einem Vergabeverfahren auszuwählen. Ob auch auf der zweiten Stufe auszuschreiben ist, hängt von der

35 OLG Düsseldorf, Beschluss vom 12.12.2007 – VII-Verg 30/07 = VergabeR 2008, 99, 102, Wuppertal-Vohwinkel.

36 OLG Düsseldorf, Beschluss vom 13.6.2007 – VII-Verg 2/07 = VergabeR 2007, 634, 638, Ahlhorn.

37 Beim vorhabenbezogenen Bebauungsplan (§ 12 BauGB) dürfte einzelfallabhängig hingegen eine differenzierende rechtliche Beurteilung geboten sein.

38 EuGH, Urteil vom 12.7.2001 – C-399/98 = NZBau 2001, 512 = VergabeR 2001, 380, Commune di Milano, Teatro alla Scala, Teatro alla Bicocca, Rn. 67.

39 Und zwar unabhängig von § 3 a Nr. 6 c) VOB/A.

40 Vgl. dazu EuGH, Urteil vom 12.7.2001 – Commune di Milano, Teatro alla Scala, Teatro alla Bicocca, Rn. 71, 75, 99, 100, 103; Schlussanträge der Generalanwältin in der Rechtssache Roanne Rn. 76.

41 Vgl. dazu Ganske = VergabeR 2008, 15.

inhaltlichen Ausgestaltung zum Teil noch ausstehender landesgesetzlicher Regelungen ab. Soll die Kommune von den betroffenen Grundstückseigentümern Abgaben erheben und diese mit der Folge an den Verantwortlichen weiterleiten, dass dieser nicht das wirtschaftliche Risiko der Maßnahmen trägt, dürfte eine dem Vergaberecht unterfallende Baukonzession ausscheiden.

V. Fazit

Die praktischen Auswirkungen der Roanne- und Ahlhorn-Rechtsprechung sind ohne Weiteres bedeutsam. Die Anwendung der (vorhandenen) Instrumentarien, mit deren Hilfe die zwischen den Zielen des Vergaberechts und der Städteplanung bestehende Konfliktlage aufgelöst werden kann, muss von den Beteiligten zumeist noch erlernt werden. Erfahrungen sind bislang nur vereinzelt vorhanden.[42] Ein Mehr an Bürokratie ist unvermeidbar. Fasst der Auftraggeber die Sache jedoch strukturiert und systematisch an, macht er sich klar, was er haben will und lässt er mit interessierten Unternehmen ein Planungskonzept erarbeiten, das zugleich die Kriterien der Auftragsvergabe hervorbringen kann, darf auf der anderen Seite indes erwartet werden, dass die Auswahlfreiheit der Kommunen gestärkt wird, sachwidrige Einflussnahmen auf den Wettbewerb erschwert werden und die Investorenauswahl an Transparenz und Akzeptanz gewinnt. Dass – im Übrigen nur auf diesem Weg – auch höhere Grundstückskaufpreise erzielt werden können, dürfte eine nicht unerwünschte Nebenwirkung sein.

Es bleibt darauf hinzuweisen, dass Grundstückskaufverkäufe, die Bauverpflichtungen des Erwerbers mit sich bringen, vom öffentlichen Auftraggeber auch dann, wenn es nicht um eine Eigenbeschaffung geht, ohnedies in keinem rechts- und wettbewerbsfreien, vor allem in keinem rechtsschutzfreien Raum abgeschlossen werden. Dies hat der EuGH in einer Reihe von Urteilen deutlich gemacht (vgl. Kommission ./. Französische Republik,[43] Coname[44], Parking Brixen,[45] Contse,[46] Bent Mousten Vestergaard[47] und Telaustria[48]). So ist aus den Grund-

42 Siehe Drey = Behördenspiegel März 2008, 20.

43 EuGH, Urteil vom 20.10.2005 – C-264/03 = VergabeR 2006, 54 Rn. 32 f.

44 EuGH, Urteil vom 21.7.2005 – C-231/03 = NZBau 2005, 592, 593, Rn. 19.

45 EuGH, Urteil vom 13.10.2005 – C-458/03 = NZBau 2005, 644, 647 f., Rn. 48 und 62.

46 EuGH, Urteil vom 27.10.2005 – C-234/03 = EuZW 2006, 189 = VergabeR 2006, 63 = WuW/E Verg 1171.

47 EuGH, Urteil vom 3.12.2001 – C-59/00 = WuW/E Verg 1167, Rn. 19 bis 21.

48 EuGH, Urteil vom 7.12.2000 – C-324/98 = NZBau 2001, 148, 151, Rn. 62.

freiheiten des EG-Vertrags, namentlich aus der Freiheit des Dienstleistungsverkehrs (Art. 49 EG) abzuleiten, dass die öffentlichen Auftraggeber bei jedweder Auftragsvergabe mit Binnenmarktrelevanz die mit der Dienstleistungsfreiheit zusammenhängenden gemeinschaftsrechtlichen Prinzipien, insbesondere die Gebote der Gleichbehandlung und Nichtdiskriminierung[49] sowie die daraus folgenden Ex ante-Transparenz zu wahren haben. Dem Transparenzgebot hat der Auftraggeber durch Herstellung eines „angemessenen Grades von Öffentlichkeit" nachzukommen, um die Auftragsvergabe dem Wettbewerb zu öffnen und die Nachprüfung zu ermöglichen, ob das Verfahren unparteiisch durchgeführt worden ist.[50] Ob die angesprochene Bauverpflichtung mit einer einklagbaren Realisierungspflicht verbunden sein muss, kann im Übrigen durchaus bezweifelt werden. Der Begriff des öffentlichen Bauauftrags ist richtlinienkonform, autonom und unter dem Gebot einer effektiven Durchsetzung des Gemeinschaftsrechts in allen Mitgliedstaaten einheitlich auszulegen. Danach genügt, wenn der Vertrag Bauleistungen nur *zum Gegenstand* hat (vgl. § 99 Abs. 3 GWB: „Bauaufträge sind *Verträge über* ..."; deutschsprachiger Wortlaut der Richtlinie: „′Öffentliche Bauaufträge′ sind öffentliche *Aufträge über* ..."; französische und englische Fassung der Richtlinie: „′Public works contracts′ are public contracts *having as their object* ..."; „Les «marchés publics» de travaux sont des marchés publics *ayant pour objet* ..."), wohingegen eine Einklagbarkeit nicht ohne Weiteres vorauszusetzen ist.

49 Vgl. dazu auch EuGH, Urteil vom 20.10.2005 – C-264/03 (Kommission./.Frz. Republik) = VergabeR 2006, 54, 61.

50 Vgl. EuGH, Rechtssachen Parking Brixen, Coname a. a. O.

Gestaltungsmöglichkeiten bei der Vergabe von Bau- und Planungsleistungen

*Dr. Volkmar Wagner und Thomas Krappel**

* Dr. Volkmar Wagner ist Rechtsanwalt/Fachanwalt für Verwaltungsrecht, Thomas Krappel ist Rechtsreferendar in Stuttgart.

3. Generalunternehmer- oder Generalübernehmervergabe
4. Zusammenfassung von Bau und Planung
5. Funktionale Ausschreibung
6. Ausschreibung von Optionen
7. Zulassung oder Nichtzulassung von Nebenangeboten
8. Verkürzung der Bewerbungs- und Angebotsfristen
   a. Unterschwellenvergaben
   b. Oberschwellenvergaben
9. Trennung und sorgfältige Auswahl von Eignungs- und Zuschlagskriterien
   a. Trennung
   b. Auswahl
10. Ausschluss von Bietern wegen Unzuverlässigkeit/Vergabesperren
11. Keine Aufbürdung ungewöhnlicher Wagnisse, aber Zulässigkeit der Übertragung kalkulierbarer Risiken

Der Beitrag gibt einen Überblick über die Gestaltungsmöglichkeiten bei der Vergabe von Bau- und Planungsleistungen. Er stellt zunächst die (engen) Voraussetzungen dar, unter denen öffentliche Auftraggeber bei der Vergabe von Bau- und Planungsleistungen ganz auf die Durchführung eines Vergabeverfahrens verzichten können. Sodann wendet er sich der Frage zu, welche Verfahrenserleichterungen für öffentliche Auftraggeber bei der Durchführung von Vergabeverfahren bestehen.

I. Zulässige Wege aus dem Vergaberecht

1. Privatisierung

a. Allgemeines

Privatisierungsmaßnahmen führen in der Regel nicht zum Wegfall vergaberechtlicher Bindungen: Zum einen kann bereits der Privatisierungsakt selbst ausschreibungspflichtig sein. Dies ist insbesondere dann der Fall, wenn es sich bei der Privatisierung faktisch um eine Auftragsvergabe handelt. Dementsprechend ist in vielen Fällen bereits der Ausgliederungsvorgang vergaberechtspflichtig (sogenannte „gestufte Vergaben"). Zum anderen kann nach erfolgter

Ausgliederung das private Unternehmen bzw. die privatisierte Gesellschaft ausschreibungspflichtig sein. Privatisierte Unternehmen werden nicht per se vom Anwendungsbereich des Vergaberechts freigestellt; daher sind sie in zahlreichen Fallgestaltungen als öffentliche Auftraggeber im Sinne von § 98 Nr. 2 GWB anzusehen.[1]

b. Materielle Privatisierung

Unter materieller Privatisierung ist die Übertragung öffentlicher Aufgaben auf einen privaten Rechtsträger bei vollständigem Rückzug des Staates aus diesem Tätigkeitsfeld zu verstehen (Aufgabenprivatisierung).[2] Regelmäßig erfolgt dies durch den Verkauf eines bisherigen Staatsbetriebs (z. B. Veräußerung eines kommunalen Bauunternehmens) an einen Privaten.[3] Dieser Vorgang zielt nicht auf eine Beschaffung, die den Einkauf von Liefer-, Bau- oder Dienstleistungen zum Gegenstand hat, und lässt sich somit grundsätzlich nicht unter die Vergaberegeln fassen.[4] Wird auf diese Weise ein Teil öffentlich-rechtlicher Aufgaben auf ein Privatrechtssubjekt übertragen, so ist das privatisierte Unternehmen in der Regel nicht (mehr) ausschreibungspflichtig. Etwas anderes gilt nur, wenn das Unternehmen unter die Vorschriften des § 98 Nr. 2 bis 6 GWB fällt, wie es beispielsweise bei der Einräumung von Baukonzessionen der Fall ist.[5]

c. Formelle Privatisierung

Formelle Privatisierung ist die formale Ausgliederung von Funktions- oder Betriebseinheiten des öffentlichen Auftraggebers, die materiell vollständig in sei-

1 Vgl. Prieß, Handbuch des europäischen Vergaberechts, 3. Aufl. 2005, S. 118; Boesen, Vergaberecht, 1. Aufl. 2000, § 100 Rn. 104, der zusätzlich noch das Inhouse-Geschäft erwähnt, welches vorliegend gesondert unter Ziff. 2 behandelt wird.

2 Dazu Maurer, Allgemeines Verwaltungsrecht, 16. Aufl. 2006, § 23 Rn. 63; Prieß, a. a. O., S. 118; siehe auch Wolff/Bachof/Stober, Verwaltungsrecht, Bd. 1, 11. Aufl. 1999, § 4 Rn. 3 a.

3 Prieß, a. a. O., S. 118.

4 Prieß, a. a .O., S. 118 f. m. w. N. auch zu den Ausnahmen.

5 Vgl. Prieß, a. a. O., S. 119; zu diesen OLG Düsseldorf, Beschluss vom 6.2.2008 – VII-Verg 37/07 = juris, Rn. 39 f. m. w. N.

nem Bereich verbleiben (Organisationsprivatisierung).[6] Dabei bedient sich die öffentliche Hand privatrechtlicher Organisationsformen, ohne dass sich etwas an ihrer Aufgabenträgerschaft ändert.[7] Dies ist etwa der Fall, wenn eine Kommune einen Eigenbetrieb in eine juristische Person des Privatrechts, in der Regel eine GmbH oder AG, umwandelt.[8] Das formell privatisierte Unternehmen ist öffentlicher Auftraggeber im Sinne von § 98 Nr. 2 GWB, wenn es im Allgemeininteresse liegende Aufgaben nicht gewerblicher Art erfüllt und von der öffentlichen Hand überwiegend finanziert oder kontrolliert wird.[9]

d. Funktionale Privatisierung

Unter funktionaler Privatisierung versteht man die Gründung gemischt-wirtschaftlicher Gesellschaften zwischen der öffentlichen Hand und Privaten, z. B. im Zuge von Public Private Partnership (PPP)-Projekten. Auch solche gemischtwirtschaftliche Unternehmen sind in der Regel öffentliche Auftraggeber nach § 98 Nr. 2 GWB.

2. Inhouse-Vergaben

a. Begriff

Unter einem Inhouse-Geschäft ist die Erbringung einer Leistung als Eigenleistung zu verstehen, bei der die Beauftragung einer vom öffentlichen Auftraggeber verschiedenen, ihm aber zuzurechnenden juristischen Person mit einem internen Organisationsakt vergleichbar ist.[10]

---

6 Leinemann, Die Vergabe öffentlicher Aufträge, 4. Aufl. 2007, Rn. 133; Prieß, a. a. O., S. 119. Vom Beliehenen unterscheidet sich der privatrechtlich organisierte Verwaltungsträger dadurch, dass er von einem öffentlich-rechtlichen Verwaltungsträger als Privatrechtssubjekt geschaffen wird und als solches nur privatrechtlich tätig werden kann, während der Beliehene ein bereits vorhandenes Privatrechtssubjekt ist, aber durch die Übertragung bestimmter, hoheitlich zu erledigender Verwaltungsaufgaben partiell in den öffentlich-rechtlichen Verwaltungsbereich einbezogen wird, Maurer, a. a. O., § 21 Rn. 17. Der Beleihungsakt selbst ist als reine Befugnisübertragung bezüglich der Handlungsform – im Gegensatz zu den mit der Beleihung zusammenhängenden Leistungsbeziehungen – nicht vom Vergaberecht erfasst, Prieß, a. a. O., S. 122 m. w. N.

7 Vgl. Maurer, a. a. O., § 21 Rn. 15 ff., § 23 Rn. 61; Wolff/Bachof/Stober, a. a. O., § 4 Rn. 3 a, § 13 Rn. 7, § 32 Rn. 31; Bauer, ZfBR 2006, 446 ff.

8 Vgl. Maurer, a. a. O., § 23 Rn. 61; Boesen, a. a. O., § 100 Rn. 93. Insoweit spricht man auch von einem so genannten öffentlichen Unternehmen, vgl. Wolff/Bachof/Stober, a. a. O., § 4 Rn. 3 a.

9 Vgl. im Einzelnen die Voraussetzungen in § 98 Nr. 2 GWB.

10 Dazu Weyand, Vergaberecht, 2. Aufl. 2007, § 99 GWB Rn. 981 ff.; Leinemann, a. a. O., Rn. 129 ff.; Boesen, a. a. O., § 100 Rn. 69, 86 ff.; Willenbruch, in Byok/Jaeger, Vergaberecht, 2. Aufl. 2005, § 10 VgV Rn. 1558.

b. Die Teckal-Entscheidung des EuGH[11]

Vergaberechtlichen Bindungen unterliegen nur Beschaffungsvorgänge auf vertraglicher Grundlage.[12] Ein Vertrag setzt voraus, dass mindestens zwei unterschiedliche Rechtssubjekte beteiligt sind.[13] Funktional gesehen liegt kein Vertrag vor, wenn Aufgaben im Wege eines Inhouse-Geschäfts übertragen werden, indem der öffentliche Auftraggeber sie an eine eigene Abteilung, einen Eigenbetrieb oder an eine hundertprozentige Tochtergesellschaft vergibt. In diesem Fall bleibt die Leistung gleichsam „im Haus" des Auftraggebers.[14] Dementsprechend fehlt es an der für einen Vertrag erforderlichen Personenverschiedenheit der Vertragspartner.[15] Grund für die Ausschreibungsfreiheit ist, dass sich eine solche Vergabe materiell gesehen als eigenständige Aufgabenwahrnehmung im Sinne einer Selbstausführung darstellt. Es fehlt damit an einer Wettbewerbsrelevanz.[16] Der EuGH knüpft die Ausschreibungsfreiheit von Inhouse-Vergaben an drei Voraussetzungen[17]: die Beteiligung des Auftraggebers am Auftragnehmer, die Kontrolle des Auftraggebers über den Auftragnehmer „wie über eine eigene Dienststelle" und das Tätigwerden des Auftragnehmers im Wesentlichen für den bzw. die ihn kontrollierenden Auftraggeber.

aa. Beteiligung des Auftraggebers am Auftragnehmer

Nach der Teckal-Entscheidung muss der Auftraggeber am Auftragnehmer beteiligt sein. In der Stadt Halle-Entscheidung hat der EuGH dies dahingehend präzisiert, dass ein Inhouse-Geschäft ausscheidet, wenn Private am Auftragnehmer beteiligt sind.[18] Folglich sind Inhouse-Vergaben nur an solche Auftragnehmer möglich, die vollständig im Eigentum der öffentlichen Hand stehen. Diese Vo-

---

11 Urteil vom 18.11.1999, Rs. C-107/98 – Teckal, Slg. 1999, I-8121 ff. = EuZW 2000, 246 = NZBau 2000, 90, Rn. 50.

12 Vgl. etwa Boesen, a. a. O., § 100 Rn. 89.

13 Vgl. Weyand, a. a. O., Rn. 981 m. w. N.

14 Leinemann, a. a. O., Rn. 129.

15 Vgl. Bauer, ZfBR 2006, 446 ff. m. w. m. N.; siehe auch Urteil vom 18.11.1999, Rs. C-107/98 – Teckal, Slg. 1999, I-8121 ff. = EuZW 2000, 246 = NZBau 2000, 90, Rn. 49.

16 Vgl. Leinemann, a. a. O., Rn. 139.

17 S. Urteil vom 18.11.1999, Rs. C-107/98 – Teckal, Slg. 1999, I-8121 ff. = EuZW 2000, 246 = NZBau 2000, 90, Rn. 49 ff.; vgl. auch BGH, Beschluss vom 12.6.2001 –X ZB 10/01 = BGHZ 148, 55 = VergabeR 2001, 286 = NZBau 2001, 517 – juris, Rn. 32; Weyand, a.·a. O., Rn. 997 ff.

18 Vgl. EuGH, Urteil vom 11.1.2005, Rs. C-26/03 – Stadt Halle, Slg. 2005, I-1 ff. = EuZW 2005, 86 = NZBau 2005, 111.

raussetzung wird auch dann erfüllt, wenn der Auftragnehmer mehreren öffentlichen Eigentümern gehört.

bb. Kontrolle des Auftraggebers über den Auftragnehmer „wie über eine eigene Dienststelle“

Weitere Voraussetzung ist, dass der öffentliche Auftraggeber über die fragliche Person eine Kontrolle wie über eine eigene Dienststelle ausübt.[19] Auch dieses Kriterium hat der EuGH in der Stadt Halle-Entscheidung präzisiert.[20] Erforderlich ist, dass der Auftraggeber den Auftragnehmer tatsächlich kontrollieren kann. Bei der Beurteilung, ob eine Kontrolle wie über eine eigene Dienststelle vorliegt, sind alle Umstände des Einzelfalls zu berücksichtigen. Danach muss der Auftragnehmer einer Kontrolle unterworfen sein, die es dem Auftraggeber ermöglicht, auf dessen wesentlichen Geschäftsentscheidungen entscheidend einzuwirken. Er muss sowohl auf die strategischen Ziele als auch auf die wichtigen Entscheidungen der Gesellschaft ausschlaggebenden Einfluss nehmen können.[21] Dementsprechend ist insbesondere bei Aktiengesellschaften, deren Vorstand qua Gesetz weisungsunabhängig ist, das Kontrollkriterium regelmäßig nicht erfüllt.[22] Ähnliches gilt bei Holding-Strukturen, da bei diesen häufig die vom EuGH geforderten Kontrollmechanismen im Verhältnis zwischen Auftraggeber und den unter der Holding-Gesellschaft aufgehängten Tochter- und Enkelgesellschaften fehlen. Demgegenüber ist ein Inhouse-Geschäft bei der ausschließlichen Beteiligung mehrerer Verwaltungsträger möglich.[23]

19 Urteil vom 18.11.1999, Rs. C-107/98 – Teckal, Slg. 1999, I-8121 ff. = EuZW 2000, 246 = NZBau 2000, 90, Rn. 50; OLG Celle, Beschluss vom 14.9.2006 – 13 Verg 2/06 = VergabeR 2007, 79 = NZBau 2007, 126 – juris, Rn. 12 m. w. N.

20 EuGH, Urteil vom 11.1.2005, Rs. C-26/03 – Stadt Halle, Slg. 2005, I-1 ff. = EuZW 2005, 86 = NZBau 2005, 111.

21 EuGH, Urteil vom 11.5.2006, Rs. C-340/04 – Carbotermo SpA, Slg. 2006, I-4137 ff. = EuZW 2006, 375 = VergabeR 2006, 478, Rn. 36.

22 Dazu EuGH, Urteil vom 13.10.2005, Rs. C-458/03 – Parking Brixen, Slg. 2005, I-8585 ff. = EuZW 2005, 727 = VergabeR 2005, 737.

23 Vgl. Bauer, ZfBR 2006, 446 ff. m. w. N.

cc. Tätigkeit des Auftragnehmers im Wesentlichen für den bzw. die ihn kontrollierenden Auftraggeber

Ein Inhouse-Geschäft liegt nur vor, wenn das Unternehmen hauptsächlich für die öffentlichen Körperschaften, die seine Anteile halten, tätig wird[24] und jede andere Tätigkeit „rein nebensächlich“ ist.[25] Wann eine Tätigkeit rein nebensächlich ist, ist durch eine wertende Betrachtung unter Berücksichtigung aller – qualitativen und quantitativen – Umstände des Einzelfalls zu bestimmen.[26] Dabei ist ein strenger Maßstab anzulegen.[27] Es kann jedoch auf die Tätigkeit der Inhouse-Gesellschaft für alle den Auftragnehmer (gegebenenfalls gemeinsam) kontrollierenden öffentlichen Anteilseigner abgestellt werden. Erforderlich ist, dass der Auftragnehmer seine geschäftliche Tätigkeit (nahezu) ausschließlich für den bzw. die Anteilseigner erbringt.[28] Nach Auffassung des OLG Celle[29] scheidet ein vergaberechtsfreies Inhouse-Geschäft schon dann aus, wenn das für den Auftrag vorgesehene Unternehmen nur 7,5 % seines Umsatzes aus Fremdgeschäften erzielt. Demgegenüber hält der EuGH noch einen zehnprozentigen Umsatzanteil für unschädlich.[30]

c. Die Entscheidung „Mödling“[31]

Die in den Entscheidungen „Teckal“ und „Stadt Halle“ entwickelten Grundsätze hat der EuGH in seiner Entscheidung „Mödling“ fortgeschrieben. Danach kann das Vergaberecht nicht durch die allein mit dem Ziel der Erfüllung der Inhouse-Kriterien durchgeführte (künstliche) Aufspaltung von Privatisierungsvorgängen wirksam umgangen werden. Ergänzend hierzu hat der EuGH in der Folgeentscheidung „ANAV“ klargestellt, dass die Inhouse-Kriterien während der gesam-

24 Urteil vom 18.11.1999, Rs. C-107/98 – Teckal, Slg. 1999, I-8121 ff. = EuZW 2000, 246 = NZBau 2000, 90, Rn. 50; OLG Celle, Beschluss vom 14.9.2006 – 13 Verg 2/06 = VergabeR 2007, 79 = NZBau 2007, 126 – juris, Rn. 13 ff.; Weyand, a. a. O., Rn. 1004 ff.; Leinemann, a. a. O., Rn. 131 ff.

25 Vgl. EuGH, Urteil vom 11.5.2006, Rs. C-340/04 – Carbotermo SpA, Slg. 2006, I-4137 ff. = EuZW 2006, 375 = VergabeR 2006, 478, Rn. 63 ff.

26 Vgl. EuGH, Urteil vom 11.5.2006, Rs. C-340/04 – Carbotermo SpA, Slg. 2006, I-4137 ff. = EuZW 2006, 375 = VergabeR 2006, 478, Rn. 64; Weyand, a. a. O., Rn. 1005 m. w. N.

27 Vgl. Weyand, a. a. O., Rn. 1004.

28 Weyand, a. a. O., Rn. 1004 m. w. N.

29 Beschluss vom 14.9.2006, 13 Verg 2/06 = VergabeR 2007, 79 = NZBau 2007, 126.

30 Vgl. EuGH, Urteil vom 19.4.2007, Rs. C-295/05 – Tragsa = ZfBR 2007, 491 = NZBau 2007, 381.

31 EuGH, Urteil vom 10.11.2005, Rs. C-29/04 – Kommission/Österreich („Mödling“), Slg. 2005, I-9705 ff.= VergabeR 2006, 47 = NZBau 2005, 704.

ten Vertragslaufzeit erfüllt sein müssen.[32] Nicht Inhouse-fähig sind daher „gestufte Vergaben“[33].

3. Verwaltungskooperationen

Verwaltungskooperationen sind nicht generell vom Vergaberecht freigestellt, da die europäischen Vergaberichtlinien keine entsprechende Freistellungsregelung enthalten.[34] Auch Verwaltungskooperationen sind daher nach Vergaberecht ausschreibungspflichtig, wenn sie die Voraussetzungen eines öffentlichen Auftrags nach § 99 Abs. 1 GWB erfüllen. Dies ist dann der Fall, wenn es sich der Sache nach um Beschaffungen am Markt handelt. Für die Beantwortung dieser Frage ist es irrelevant, ob die Kooperation mittels privatrechtlichen oder öffentlich-rechtlichen Vertrags erfolgt. Die Vergaberichtlinien enthalten insoweit keine Differenzierung.[35]

Die Ausschreibungspflichtigkeit der verschiedenen Kooperationsformen zwischen Verwaltungsträgern ist nach diesen Grundsätzen im Ergebnis unterschiedlich zu beantworten.

a. „Unechte“ Aufgabenübertragung durch Vertrag (Mandatierende Aufgabenübertragung)

Unechte Aufgabenübertragungen, bei denen nur die Erfüllung einer öffentlichen Aufgabe und nicht auch die entsprechende Kompetenz von einem Verwaltungsträger an einen anderen übertragen wird, sind in der Regel als ein dem Vergaberecht unterworfener Beschaffungsvorgang im Sinne von § 99 Abs. 1 GWB anzusehen. Dies folgt daraus, dass der übernehmende Verwaltungsträger außerhalb seines Aufgabenbereichs tätig wird und damit die Schwelle zum Markt überschreitet. Überträgt folglich eine Kommune z. B. die ihr obliegende Sammlung und Beförderung von Altpapier oder Abfall entgeltlich auf eine Nachbar-

32 EuGH, Urteil vom 6.4.2006, Rs. C-410/04 – ANAV, Slg. 2006, I-3303 = NZBau 2006, 555, Rn. 30.

33 Dazu oben 1. a.

34 Urteil vom 13.1.2005, Rs. C-84/03 – Kommission/Spanien, Slg. 2005, I-139 ff. = EuZW 2005, 222 = VergabeR 2005, 176; vgl. hierzu Leinemann, a. a. O., Rn. 137a; Bauer, ZfBR 2006, 446 f.

35 Näher Bauer, ZfBR 2006, 446 ff.

kommune, ist dieser Vorgang im Regelfall nach Vergaberecht ausschreibungspflichtig.[36]

b. „Echte" Aufgabenübertragung durch verwaltungsorganisatorische Maßnahmen (Delegierende Aufgabenübertragung)

Wird jedoch nicht nur die Erfüllung einer öffentlichen Aufgabe, sondern gleichzeitig auch die Aufgabenträgerschaft auf einen anderen Verwaltungsträger übertragen, ist das Vorliegen eines entgeltlichen Beschaffungsvorgangs zweifelhaft. Denn in diesem Fall wird der übernehmende Verwaltungsträger nicht auf vertraglicher Basis, sondern letztlich aufgrund der auf ihn übertragenen, eigenen Aufgabenträgerschaft tätig. Gleichwohl hat das OLG Naumburg auch die „echte" Aufgabenübertragung als öffentlichen Auftrag im Sinne des Vergaberechts angesehen.[37] Begründet hat es seine Auffassung damit, dass ein Auftreten wie ein Privater auf dem Markt bei jeder Übernahme marktgängiger Tätigkeiten außerhalb des (originären) eigenen Aufgabenbereichs vorliege. Etwas anderes könne allenfalls bei Verwaltungsmonopolen gelten. Diese Rechtsprechung ist jedoch überwiegend als zu weit befunden und abgelehnt worden.[38] Dementsprechend hat auch das OLG Düsseldorf für den Fall einer Zweckverbandsgründung das Vorliegen eines öffentlichen Auftrags unter anderem mit dem Argument abgelehnt, aufgrund der Zuständigkeitsverlagerung werde der Zweckverband in Erfüllung eigener öffentlich-rechtlicher Aufgaben tätig. Es handele sich daher der Sache nach um einen staatsinternen Verwaltungsorganisationsakt, auf den das auf europarechtlichen Vorgaben basierende Vergaberecht schon deswegen keine Anwendung finden könne. Anderenfalls würde zumindest mittelbar ein europarechtlich nicht beabsichtigter Zwang zur Privatisierung ausgelöst.[39]

Bei echten Aufgabenübertragungen, bei denen sich der übertragende Verwaltungsträger jeglicher Erfüllungsverantwortung entledigt, kann daher mit guten Argumenten auf die Durchführung eines Vergabeverfahrens verzichtet werden.

---

36 OLG Düsseldorf, Beschluss vom 5.5.2004 – VII Verg 78/03 = VergabeR 2004, 619 = NZBau 2004, 398; OLG Frankfurt, Beschluss vom 7.9.2004 – 11 Verg 11/04, 11 Verg 12/04 = VergabeR 2005, 80 = NZBau 2004, 692.

37 OLG Naumburg, Beschluss vom 3.11.2005 – 1 Verg 9/05 = VergabeR 2006, 88 = NZBau 2006, 58.

38 Vgl. zu den Kritikpunkten Bauer, ZfBR 2006, 446 (453 f.).

39 OLG Düsseldorf, Beschluss vom 21.6.2006 – Verg 17/06 – „RegioEntsorgung" = NZBau 2006, 662 f.; zustimmend Wilke, ZfBR 2007, 23 (24 f.) m. w. N.

4. Besonderheiten bei Investorenverträgen

a. Die Auswirkungen der Rechtsprechung des EuGH in Sachen „Roanne"[40]

Bei Investorenverträgen überträgt der öffentliche Auftraggeber die Bauherrenfunktion auf einen Privaten und beauftragt selbst keine Werkvertragsleistungen. Der Private trägt damit das wirtschaftliche Risiko.[41] Wie § 1 a Nr. 1 Abs. 1 Satz 3 VOB/A verdeutlicht, zählen neben Mietkauf- oder Leasingverträgen auch Bauträgerverträge zu den Investorenverträgen.[42] Nach § 99 Abs. 3 Var. 3 GWB gilt auch ein Vertrag über die Erbringung einer Bauleistung durch Dritte als Bauauftrag, wenn die Leistung gemäß den vom Auftraggeber genannten Erfordernissen erbracht wird.

Nach bisheriger Auffassung wurde die Anwendbarkeit des Vergaberechts auf Investorenwettbewerbe mit der Begründung verneint, ein Auftrag sei nur dann ausschreibungspflichtig, wenn er der Deckung eines eigenen Beschaffungsbedürfnisses des Auftraggebers diene.[43] Diese Auffassung ist mit der Entscheidung des EuGH im Fall „Roanne" ins Wanken geraten. Danach stellt eine Vereinbarung, nach der ein öffentlicher Auftraggeber einem anderen die Errichtung eines Bauwerks überträgt, einen öffentlichen Bauauftrag dar, und zwar unabhängig davon, ob vorgesehen ist, dass der erste öffentliche Auftraggeber Eigentümer des gesamten Bauwerks oder eines Teils davon ist oder wird.

Ein öffentlicher Auftrag im Sinne des Vergaberechts liegt danach immer vor, wenn der Auftragnehmer gegenüber dem Auftraggeber die vertragliche Verpflichtung übernimmt, eine Bau-, Liefer- oder Dienstleistung zu erbringen und zwar unabhängig davon, an wen diese Leistung erfolgt – und sei es auch nur zur eigenen Nutzung.[44] Dementsprechend handelt es sich bei Kaufverträgen mit Bauverpflichtung selbst dann um Baukonzessionen, wenn der Auftraggeber zu keinem Zeitpunkt Eigentümer des zu errichtenden Bauwerks wird und keine öffentliche, sondern eine rein private Nutzung vorliegt. Entscheidend ist allein, dass der Investor die Verpflichtung übernimmt, das Bauwerk nach den Erfordernissen des Auftraggebers selbst oder durch einen Dritten zu errichten. Inves-

40 Urteil vom 18.1.2007, Rs. C-220/05 – „Jean Auroux u.a./Commune de Roanne", Slg. 2005, I-1 ff. = EuZW 2007, 117 = VergabeR 2007, 183.

41 Leinemann, a. a. O., Rn. 780.

42 Vgl. Leinemann, a. a. O., Rn. 780.

43 Vgl. O. Wagner/Görs, NVwZ 2007, 900.

44 O. Wagner/Görs, NVwZ 2007, 900 (901).

torenwettbewerbe sind unter diesen Voraussetzungen grundsätzlich ausschreibungspflichtig.[45]

Das OLG Düsseldorf hat die Rechtsprechung des EuGH aufgegriffen und entschieden, es reiche für die Annahme eines Bauauftrags in Gestalt einer Baukonzession aus, dass der Auftraggeber den Auftragnehmer mit der Erstellung von Bauwerken entsprechend seinen Erfordernissen beauftrage. Dies gelte auch dann, wenn der Auftragnehmer die Bauwerke an einen Dritten veräußern will; ein mittelbares Eigeninteresse, z. B. an einer geordneten städtebaulichen Entwicklung, genüge. Da der Auftragnehmer durch die Veräußerung der errichteten Bauwerke Erlöse erzielen könne, sei es auch unschädlich, dass die Bauleistung nicht vom Auftraggeber bezahlt wird.[46]

b. Ausnahmen

Trotz vielerlei Kritik an der Spruchpraxis des OLG Düsseldorf kann Auftraggebern angesichts der ansonsten drohenden Vertragsnichtigkeit derzeit nur empfohlen werden, Investorenverträge auszuschreiben. Rechtssichere Ausnahmen von der Ausschreibungspflicht bestehen im Moment nur, wenn für das konkrete Vorhaben kein besonderes Baurecht geschaffen und dem Käufer keinerlei Bauverpflichtung auferlegt wird oder wenn der Grundstücksveräußerung keine raumordnende oder städtebauliche Funktion zukommt (z. B. bei auf den Unternehmenszweck begrenzten Einzelbauvorhaben).[47]

II. Zulässige Verfahrenserleichterungen im Vergabeverfahren

1. Möglichst wenig Formalismus

An einem schlanken, effektiven und zügigen Vergabeverfahren haben regelmäßig alle Beteiligten Interesse. Eine Verschlankung der formalen Anforderungen, die das Vergabeverfahren an den Auftraggeber und die Bieter stellt, lässt sich durch zahlreiche Maßnahmen erreichen. Zu nennen sind insbesondere folgende

45 Ebenda.

46 OLG Düsseldorf, Beschluss vom 13.6.2007 – VII-Verg 2/07; Beschluss vom 12.12.2007 – Verg 30/07; Beschluss vom 6.2.2008 – VII-Verg 37/07; zustimmend OLG Bremen, Beschluss vom 13.3.2008 – Verg 5/07; ablehnend VK Baden-Württemberg, Beschluss vom 7.3.2008 – 1 VK 1/08; VK Hessen, Beschluss vom 5.3.2008 – 69 d-VK 06/08; alle VERIS; differenziert VK Brandenburg, Beschluss vom 15.2.2008 – VK 2/08.

47 OLG Düsseldorf, Beschluss vom 6.2.2008, a. a. O.

Stichpunkte: schlanke Vergabeunterlagen, Beschränkung auf die unbedingt notwendigen Eignungsnachweise, Vorgabe von Formblättern für die Bieter, Senkung der Anforderungen an Bietergemeinschaften sowie Verzicht auf „rechtsverbindliche" Unterschriften.

2. Wahl eines günstigen Vergabeverfahrens

a. Bagatellgrenzen

Zunächst sind die per Erlass vorgegebenen (von Land zu Land unterschiedlichen) Bagatellgrenzen für ausschreibungsfreie Vergaben zu beachten, bei deren Unterschreitung kein Vergabeverfahren durchgeführt werden muss.

b. Verzicht auf europaweite Vergabeverfahren im Oberschwellenbereich

Das Vergaberecht kennt auch im Oberschwellenbereich Möglichkeiten, ein Vergabeverfahren nur nach den Vorschriften des nationalen Vergaberechts durchzuführen.

Werden die Aufträge für eine bauliche Anlage in Losen vergeben, sind die Bestimmungen des Abschnitts 2 der VOB/A – und damit die europaweite Ausschreibung – nach § 1 a Nr. 1 Abs. 2 VOB/A (nur) bei jedem Los mit einem geschätzten Auftragswert von mindestens 1 Mio. € anzuwenden. Darunter liegende Lose müssen nur bis zu einer Schwelle von 80 % des geschätzten Gesamtauftragswerts aller Bauaufträge für die bauliche Anlage europaweit ausgeschrieben werden. Das Vergaberecht ermöglicht damit für ein Kontingent von 20 % solcher Lose eine nationale Ausschreibung.

Außerdem können größere Vorhaben – solange dies nicht manipulativ erfolgt – in Einzelvorhaben aufgeteilt werden.

c. Wahl der Verfahrensart

In der Regel haben Auftraggeber ein Interesse daran, das Verhandlungsverfahren zu wählen, da sie dort über die größten Freiheiten hinsichtlich der Verfahrensgestaltung verfügen und außerdem die Möglichkeit haben, mit den Bietern über deren Preise zu verhandeln. Allerdings ist die Wahl des Verhandlungsverfahrens aufgrund der Hierarchie der Verfahrensarten nur ausnahmsweise zulässig. Lediglich Sektorenauftraggeber, die (nur) unter § 98 Nr. 4 GWB fallen, haben nach § 101 Abs. 6 Satz 2 GWB die Wahl zwischen dem Offenen Verfahren, dem

Nichtoffenen Verfahren und dem Verhandlungsverfahren (wenig überraschend wählen sie fast immer das Verhandlungsverfahren). Das Verhandlungsverfahren ist ferner immer dann zulässig, wenn die Vergabe nach den Regeln der VOF durchzuführen ist (vgl. § 5 VOF), was bei Planungsleistungen die Regel ist.

aa. Verhandlungsverfahren nach Öffentlicher Vergabebekanntmachung (§ 3 a Nr. 5 VOB/A)

Das Verhandlungsverfahren nach Öffentlicher Vergabebekanntmachung stellt den Regelfall des – außerhalb der oben unter c genannten Voraussetzungen (Vergaben von Sektorenauftraggebern, VOF-Vergaben) – ohnehin nur ausnahmsweise zulässigen Verhandlungsverfahrens dar.[48] Die Fälle, in denen ein Verhandlungsverfahren mit Öffentlicher Vergabebekanntmachung zulässig ist, sind in § 3 a Nr. 5 lit. a bis c VOB/A für die Vergabe von Bauleistungen und § 3 a Nr. 1 Abs. 5 lit. a bis c VOL/A für die Vergabe von Liefer- und Dienstleistungen abschließend aufgezählt.[49]

bb. Verhandlungsverfahren ohne Öffentliche Vergabebekanntmachung (§ 3 a Nr. 6 VOB/A)

Das Entfallen der Vergabebekanntmachung und des damit einhergehenden Teilnahmewettbewerbs führt zu einer Verkürzung des Verfahrens, da die Auswertung der Teilnahmeanträge entfällt.[50] Wegen der eingeschränkten Transparenz und des nur eingeschränkten Wettbewerbs ist diese Verfahrensart nur in besonderen Ausnahmefällen zulässig.[51] Die Voraussetzungen, unter denen ein Verhandlungsverfahren ohne Öffentliche Vergabebekanntmachung durchgeführt werden darf, sind in § 3 a Nr. 6 lit. a bis g VOB/A für die Vergabe von Bauleistungen und § 5 Abs. 2 VOF für die Vergabe von Planungsleistungen abschließend genannt.[52] Dies ist dann der Fall, wenn bei einem Offenen oder Nichtoffenen Verfahren keine annehmbaren oder nur wegen Formfehlern zwingend auszuschließenden Angebote abgegeben worden sind, wenn die Arbeiten nur

48 Leinemann, a. a. O., Rn. 424.

49 Ebenda, Rn. 444.

50 Ebenda, Rn. 433 a. E.

51 Ebenda, Rn. 433 a. E. m. w. N.

52 Dazu Weyand, a. a. O., § 3 a VOB/A Rn. 3648 ff.; vgl. Leinemann, a. a. O., Rn. 433.

von einem bestimmten Unternehmer ausgeführt werden können sowie in Fällen von Dringlichkeit oder bei der Beschaffung von Zusatzleistungen.

cc. Wahl des Wettbewerblichen Dialogs

Der Wettbewerbliche Dialog ist ein Verfahren, bei dem sich alle Wirtschaftsteilnehmer um die Teilnahme bewerben können und bei dem der öffentliche Auftraggeber einen Dialog mit den zu diesem Verfahren zugelassenen Bewerbern führt, um eine oder mehrere seinen Bedürfnissen entsprechende Lösungen herauszuarbeiten. Auf deren Grundlage werden die ausgewählten Bewerber zur Angebotsabgabe aufgefordert (Art. 1 Abs. 11 lit. c Vergabekoordinierungsrichtlinie). Der Wettbewerbliche Dialog steht damit strukturell zwischen einer formalisierten Ausschreibung mit der Abgabe verbindlicher Angebote und dem weitestgehend formfreien Verhandlungsverfahren.[53] Zulässig ist der Wettbewerbliche Dialog nur, wenn der Auftraggeber objektiv – gegebenenfalls auch unter Einschaltung von Sachverständigen – nicht in der Lage ist, die technischen Mittel, mit denen seine Bedürfnisse und Ziele erfüllt werden können, oder die rechtlichen oder finanziellen Bedingungen des Vorhabens anzugeben (vgl. § 3 a Nr. 4 VOB/A). Der Wettbewerbliche Dialog ist ein Verfahren zur Vergabe besonders komplexer Aufträge.[54] So können aufwendige Bauvorhaben mit erheblichem Innovationsbedarf nach § 3 a Nr. 4 lit. a VOB/A einen Rückgriff auf den Wettbewerblichen Dialog rechtfertigen.[55] Vorher ist jedoch zu prüfen, ob das Beschaffungsziel auch über eine funktionale Leistungsbeschreibung und damit im Offenen oder Nichtoffenen Verfahren erreicht werden kann.[56]

3. Generalunternehmer- oder Generalübernehmervergabe

§ 97 Abs. 3 GWB räumt der losweisen Vergabe einen grundsätzlichen Vorrang ein.[57] Rechtspolitisches Ziel ist die Förderung des Mittelstandes.[58] Durch eine losweise Vergabe wird es kleineren und mittleren Unternehmen ermöglicht,

53 Leinemann, a. a. O., Rn. 449.

54 Weyand, a. a. O., § 101 GWB Rn. 1430, § 6 a VgV Rn. 3279; Leinemann, a. a. O., Rn. 451.

55 Leinemann, a. a. O., Rn. 456 m. w. N.

56 Ebenda, Rn. 456 a. E..

57 Vgl. dazu auch Weyand, a. a. O., § 97 GWB Rn. 277.

58 Ebenda, Rn. 277 m. w. N.

Angebote abzugeben.[59] Die Gesamtzielsetzung des Vergaberechts, eine an Wirtschaftlichkeitsgesichtspunkten orientierte Beschaffung zu erreichen, gestattet jedoch eine Abweichung von der Losvergabe, wenn diese im konkreten Fall in hohem Maße unwirtschaftlich wäre.[60] Demgemäß hat der Auftraggeber zu prüfen, ob der Fach- oder Teillosvergabe ernsthafte wirtschaftliche oder technische Belange entgegenstehen,[61] die zu nicht unerheblichen Nachteilen des Auftraggebers führen würden.

Allerdings kommt auch bei einer Aufteilung des Auftrags in Lose die Beauftragung eines Generalunternehmers oder eines Generalübernehmers in Betracht. Derartige Vergaben dürfen bei Bauvorgaben im Oberschwellenbereich gemäß § 6 Abs. 2 Nr. 2 VgV nicht ausgeschlossen werden. Lediglich bei Bauvergaben im Unterschwellenbereich kann nach § 8 Nr. 2 Abs. 1 und § 26 Nr. 6 VOB/A verlangt werden, dass Teilnehmer am Wettbewerb nur Unternehmen sein dürfen, die sich gewerbsmäßig mit der Ausführung von Leistungen befassen, also zumindest 30 % der ausgeschriebenen Leistungen selbst erbringen können. Auch bei der Ausschreibung von Planungsleistungen gilt, dass eine Generalunternehmer- bzw. Generalübernehmervergabe nicht ausgeschlossen werden kann.

4. Zusammenfassung von Bau und Planung

Die Einheitlichkeit des Vergabeverfahrens kann darüber hinaus durch die Zusammenfassung von Bau- und Planungsleistungen erreicht werden. So sieht § 99 Abs. 3 GWB vor, dass ein öffentlicher Bauauftrag auch dann vorliegt, wenn der Vertrag die gleichzeitige Planung und Ausführung eines Bauvorhabens oder Bauwerks zum Inhalt hat.[62] Auf diese Weise verbleibt der Auftrag in einer Hand. Anderenfalls läge bezüglich der Bauleistung ein Bauauftrag nach § 99 Abs. 3 GWB, hinsichtlich der Planungsleistung hingegen ein Dienstleistungsauftrag nach § 99 Abs. 4 GWB vor.[63] Eine solche Zusammenfassung kommt insbesondere bei PPP-Projekten in Betracht.

59 Ebenda, Rn. 272 m. w. N.

60 Ebenda, Rn. 277 m. w. N.

61 Ebenda, Rn. 278 m. w. N.

62 Hailbronner, in Byok/Jaeger, a. a. O., Rn. 477.

63 Vgl. Hailbronner, in Byok/Jaeger, a. a. O., Rn. 477.

5. Funktionale Ausschreibung

Auch bei der Vergabe von Bau- und Planungsleistungen darf funktional ausgeschrieben werden (vgl. dazu § 9 Nr. 15 bis 17 VOB/A und § 8 VOF). Die Besonderheit dieser Form der Leistungsbeschreibung besteht darin, dass nur die Funktion der gewünschten Bauleistung vorgegeben wird, die konstruktive Lösung hingegen den Bietern obliegt.[64] Voraussetzung hierfür ist, dass der Verzicht auf ein Leistungsverzeichnis nach Abwägung aller Umstände des Einzelfalls zweckmäßig ist. Dies ist z. B. nicht der Fall, wenn die Funktionalausschreibung nur gewählt wird, um die Kosten eines eigenen Architekten zu sparen.[65] Generell darf der Auftraggeber auch bei funktionalen Ausschreibungen nicht von jeder eigenen Planungstätigkeit absehen und diese gänzlich auf die Bieter übertragen.[66] Vielmehr muss die eigene Planung des Auftraggebers vor einer Ausschreibung insoweit feststehen, als die Kriterien für die spätere Angebotsbewertung festliegen und das Leistungsziel, die Rahmenbedingungen sowie die wesentlichen Einzelheiten der Leistung in der Weise bekannt sind, dass mit Veränderungen nicht mehr zu rechnen ist.[67]

6. Ausschreibung von Optionen

Auch bei Bauvergaben können Optionen ausgeschrieben werden, etwa bezüglich einzelner Gebäudeteile oder bestimmter Ausführungsarten. Der Vorteil liegt darin, dass bei Inanspruchnahme der Option kein erneutes Vergabeverfahren durchgeführt werden muss.

Eine rechtliche Grenze der Ausschreibung von Optionen bildet die ausreichende Bestimmtheit der Ausschreibung. Dies bedeutet, dass der optional ausgeschriebene Teil einen bestimmten Anteil des Gesamtauftrags von ca. 10 bis höchstens 15 % in der Regel nicht überschreiten darf.[68]

64 Weyand, a. a. O., § 9 VOB/A Rn. 4259.

65 Heiermann, § 9 Rn. 140.

66 Weyand, a. a. O., § 9 VOB/A Rn. 4266.

67 Ebenda.

68 VK Bund, Beschluss vom 14.7.2005, VK 1-50/05, VERIS; Prieß, Die Leistungsbeschreibung – Kernstück des Vergabeverfahrens, NZBau 2004, 20.

7. Zulassung oder Nichtzulassung von Nebenangeboten

Als Folge der Entscheidung des EuGH in der Rechtssache „Traunfellner“[69] muss der Auftraggeber erklären, ob er Nebenangebote zulässt oder nicht. Lässt er sie zu, muss er hierfür Mindestanforderungen definieren, da eingehende Nebenangebote anderenfalls trotz ihrer Zulassung nicht gewertet werden können (vgl. § 10 a lit. f VOB/A, Art. 24 Abs. 3 Vergabekoordinierungsrichtlinie).[70] Umstritten ist in der Rechtsprechung, ob die Mindestanforderungen auch rein formaler Natur sein können oder ob technische Mindestanforderungen formuliert werden müssen.[71]

8. Verkürzung der Bewerbungs- und Angebotsfristen

a. Unterschwellenvergaben

Bei Unterschwellenvergaben ist eine ausreichende Angebotsfrist einzuhalten, die auch bei Dringlichkeit nicht unter zehn Kalendertagen liegen darf (§ 18 Nr. 1 Satz 1 VOB/A). Hierbei handelt es sich um eine Ausschlussfrist.[72] Das hat zur Folge, dass eine Wiedereinsetzung in den vorigen Stand auch bei unverschuldeter Fristversäumung ausscheidet.[73] Nach Fristablauf eingereichte Angebote dürfen keine Berücksichtigung mehr finden (§§ 22 Nr. 2 und Nr. 5, 25 Nr. 1 Abs. 1 lit. a VOB/A). Ob eine Frist „ausreichend“ in diesem Sinne ist, bestimmt sich nach dem Umfang der zu vergebenden Leistung und der Verdingungsunterlagen.[74] Die Bieter müssen genügend Zeit erhalten, um ein Angebot sorgfältig erstellen zu können.[75]

69 Urteil vom 16.10.2003, Rs. C-421/01 – Traunfellner, Slg. 2003, I-11941 ff. = VergabeR 2004, 50 = NZBau 2004, 279.

70 Vgl. dazu auch Weyand, a. a. O., § 25 VOB/A Rn. 5729, 5731 m. w. N.

71 Ebenda, Rn. 5733 ff. m. w. N.

72 Weyand, a. a. O., § 18 VOB/A Rn. 4819 m. w. N.; Leinemann, a. a. O., Rn. 541.

73 Ebenda, Rn. 4821 m. w. N.

74 Ebenda, Rn. 4827 m. w. N.

75 Leinemann, a. a. O., Rn. 543.

b. Oberschwellenvergaben

aa. VOB/A

Wesentlich differenzierter geregelt sind die Fristen bei Vergaben oberhalb der Schwellenwerte. Hervorzuheben sind insoweit folgende Verkürzungsmöglichkeiten:

Offenes Verfahren
Nach einer europaweit bekannt gemachten Vorinformation ist eine Verkürzung der regelmäßigen Angebotsfrist (mindestens 52 Tage, § 18 a Nr. 1 Abs. 1 VOB/A) bis auf 22 Tage möglich (§ 18 a Nr. 1 Abs. 2 UAbs. 2 Satz 2 VOB/A). Bei einer elektronischen Bekanntmachung kann die Frist um weitere sieben Tage verkürzt werden (§ 18 a Nr. 1 Abs. 4 VOB/A). Sind die Vergabeunterlagen komplett elektronisch verfügbar, besteht eine nochmalige Verkürzungsmöglichkeit um weitere fünf Tage (§ 18 a Nr. 1 Abs. 5 VOB/A). Die Kumulierung der genannten Verkürzungsmöglichkeiten darf jedoch nicht zu einer Angebotsfrist von weniger als 15 Tagen führen (§ 18 a Nr. 1 Abs. 6 VOB/A).

Nichtoffenes Verfahren
– Bewerbungsfrist
Beim Nichtoffenen Verfahren beträgt die Bewerbungsfrist mindestens 37 Tage (§ 18 a Nr. 2 Abs. 1 Satz 1 VOB/A). Bei einer elektronischen Bekanntmachung ist eine Verkürzung um sieben Tage möglich (§ 18 a Nr. 2 Abs. 2 VOB/A in Verbindung mit § 18 a Nr. 1 Abs. 4 VOB/A). Bei Dringlichkeit kann die Bewerbungsfrist bis auf 15 Tage verkürzt werden (§ 18 a Nr. 2 Abs. 1 Satz 2 VOB/A).

– Angebotsfrist
Nach einer europaweit bekannt gemachten Vorinformation kann die Regelangebotsfrist von mindestens 40 Tagen (§ 18 a Nr. 2 Abs. 3 Satz 1 VOB/A) auf 26 Tage verkürzt werden (§ 18 a Nr. 2 Abs. 3 Satz 2 VOB/A). Sind die Vergabeunterlagen elektronisch verfügbar, ist eine Verkürzung um weitere fünf Tage möglich (§ 18 a Nr. 2 Abs. 5 VOB/A). Bei Dringlichkeit kann die Angebotsfrist bis auf zehn Tage verkürzt werden (Art. 18 Nr. 2 Abs. 4 VOB/A).

Wettbewerblicher Dialog
Beim Wettbewerblichen Dialog gilt § 18 a Nr. 2 Abs. 1 Satz 1 und Abs. 2 VOB/A entsprechend (§ 18 a Nr. 3 VOB/A).

Verhandlungsverfahren
Beim Verhandlungsverfahren gilt § 18 a Nr. 2 Abs. 1 und Abs. 2 VOB/A entsprechend (§ 18 a Nr. 3 VOB/A).

bb. VOF

Bewerbungsfrist
Die Frist beträgt mindestens 37 Tage, bei elektronisch erstellten und übermittelten Bekanntmachungen kann sie um 7 Tage verkürzt werden (§ 14 Abs. 1 VOF). In Fällen besonderer Dringlichkeit kann sie auf 15 bzw. bei elektronische erstellten und übermittelten Bekanntmachungen auf zehn Tage verkürzt werden (§ 14 Abs. 2 VOF).

Angebotsfrist
Die VOF enthält insoweit keine ausdrückliche Regelung, so dass angemessene Angebotsfristen einzuhalten sind.

9. Trennung und sorgfältige Auswahl von Eignungs- und Zuschlagskriterien

a. Trennung

Von der Prüfung des wirtschaftlichsten Angebots ist diejenige der Eignung der Bieter zu unterscheiden.[76] Die fachliche Eignung und Leistungsfähigkeit darf auf der der Eignungsfeststellung nachfolgenden Stufe der Ermittlung des wirtschaftlichsten Angebots nicht erneut herangezogen werden.[77] Eine Vermischung von Eignungs- und Zuschlagskriterien ist unzulässig. Dies folgt aus dem sich aus § 97 Abs. 4 und 5 ergebenden Prinzip der Trennung von Eignungs- und Wertungskriterien.[78] Nach § 97 Abs. 4 GWB sind Aufträge an fachkundige, leistungsfähige und zuverlässige Unternehmen zu vergeben. Nach § 97 Abs. 5 GWB wird der Zuschlag auf das wirtschaftlichste Angebot erteilt. Eignungskriterien im Sinne von § 97 Abs. 4 GWB dienen der Feststellung der Fachkunde, der Leistungsfähigkeit

76 Vgl. Stickler, in Reidt/Stickler/Glahs, a. a. O., § 97 GWB Rn. 27 c.

77 VK Nordrhein-Westfalen, Beschluss vom 11.1.2006 – VK - 50/2005 - L, VERIS/juris; vgl. auch OLG Rostock, Beschluss vom 16.5.2001 – 17 W 1/01, 17 W 2/01 = VergabeR 2001, 315 = NZBau 2002, 170 unter Hinweis auch auf die Gegenmeinung.

78 VK Nordrhein-Westfalen, Beschluss vom 11.1.2006 – VK - 50/2005 - L, VERIS/juris; VK Mecklenburg-Vorpommern, Beschluss vom 23.6.2005 – 2 VK 4/05, VERIS.

und der Zuverlässigkeit eines Unternehmens. Die Prüfung der Zuschlagskriterien nach § 97 Abs. 5 GWB soll zum wirtschaftlichsten Angebot führen. Die Berücksichtigung der Fachkunde, Leistungsfähigkeit und Zuverlässigkeit ist in § 97 Abs. 5 GWB nicht mehr vorgesehen. Die Prüfung dieser Merkmale erschöpft sich insoweit in der Feststellung des Vorliegens oder Nichtvorliegens der Eignung. Nach dieser Feststellung ist das Angebot auszuwählen, welches durch Erfüllung der vorher festgelegten Kriterien das beste Preis-Leistungs-Verhältnis bietet.[79] Ein Wertungsverfahren zur Auswahl des wirtschaftlichsten Angebots kann daher auch nicht an der Erreichung der Eignungskriterien Fachkunde, Leistungsfähigkeit und Zuverlässigkeit beim Bieter gemessen werden.[80] Eignungsprüfung und Wertung sind nach der gesetzlichen Konzeption mithin zwei unterschiedliche Vorgänge, die unterschiedlichen Regeln unterliegen.[81] Nach Bejahung der Eignung eines Bieters darf dessen Zuverlässigkeit nicht als „Mehr an Eignung" als letztlich entscheidendes Kriterium für den Zuschlag berücksichtigt werden.[82] Insbesondere kann ein „Mehr an Eignung" ein „Weniger an Wirtschaftlichkeit" nicht ausgleichen.[83] Anderenfalls läge eine unzulässige Vermischung der verschiedenen Wertungsstufen vor. Ferner stellt es einen Vergaberechtsverstoß dar, wenn der Auftraggeber einen Bieter gegenüber einem anderen Bieter (trotz dessen bejahter Eignung) vorzieht, weil dieser die ausgeschriebene Leistung häufiger erbracht hat oder ihm aus seiner Reihe gemeinsam abgewickelter Projekte als zuverlässig bekannt ist („bekannt und bewährt").

b. Auswahl

Auftraggeber sind bei der Wahl der Zuschlagskriterien grundsätzlich frei, sofern diese auftragsbezogen sind (siehe dazu insbesondere die „Ideenfundgrube" in § 25 Nr. 3 Abs. 3 VOB/A).[84]

---

79 VK Nordrhein-Westfalen, Beschluss vom 14.7.2003 – VK - 19/2003 - L, VERIS.

80 VK Bund, Beschluss vom 28.12.2004 – VK 1 - 141/04, VERIS.

81 EuGH, Urteil vom 19.6.2003, Rs. C-315/01, Slg. 2003, I-6351 ff. = VergabeR 2003, 546.

82 BGH, Urteil vom 16.10.2001 – X ZR 100/99 = VergabeR 2002, 42 m. w. N.; OLG Düsseldorf, Beschluss vom 5.2.2003 – Verg 58/02, VII-Verg 58/02, VERIS/juris.

83 VK Nordrhein-Westfalen, Beschluss vom 21.8.2003 – VK 18 / 03 m. w. N., VERIS/juris; vgl. auch OLG Düsseldorf, Beschluss vom 21.1.2002 – Verg 45/01 = VergabeR 2002, 282.

84 Urteil vom 17.9.2002, Rs. C-513/99 – Concordia Bus Finland, Slg. 2002, I-7213 ff. = EuZW 2002, 628 = VergabeR 2002, 593; Urteil vom 4.12.2003, Rs. C-448/01 – Wienstrom, Slg. 2003, I-14527 ff. = EuZW 2004, 81 = VergabeR 2004, 36.

Oberhalb der Schwellenwerte müssen die Zuschlagskriterien grundsätzlich gewichtet werden (Art. 53 der Vergabekoordinierungsrichtlinie). Insofern hat der öffentliche Auftraggeber in der Bekanntmachung oder in den Verdingungsunterlagen anzugeben, welches Gewicht er den einzelnen Zuschlagskriterien beimisst.[85]

Besonderheiten bestehen beim Zuschlagskriterium „Preis". Die Frage, ob dieser mit einem bestimmten Mindestanteil in die Wertung einzustellen ist, wird unterschiedlich beurteilt. Bei den Befürwortern wird als regelmäßige Untergrenze im Baubereich ein Mindestanteil von etwa 30 % gefordert.[86] Demgegenüber darf der Preis bei der Vergabe von Planungsleistungen in der Regel nur eine untergeordnete Rolle spielen, da der Auftrag hier mit dem Bewerber abzuschließen ist, der aufgrund der ausgehandelten Auftragsbedingungen im Rahmen der vorgegebenen Auftragskriterien die bestmögliche Leistung erwarten lässt (§ 16 Abs. 4 VOF); dies muss nicht notwendigerweise der preisgünstigste Bewerber sein.

10. Ausschluss von Bietern wegen Unzuverlässigkeit/Vergabesperren

Eine weitere Möglichkeit für den öffentlichen Auftraggeber, das Vergabeverfahren zu verschlanken, bietet der Ausschluss von ungeeigneten Bietern von der Teilnahme am Wettbewerb (vgl. § 8 Nr. 5 VOB/A). Dies gilt insbesondere im Insolvenzfall, bei die Zuverlässigkeit in Frage stellenden schweren Verfehlungen und bei vorsätzlichen unzutreffenden Erklärungen in Bezug auf die Eignung. Dabei räumt das Gesetz dem Auftraggeber einen weiten, gerichtlich nur eingeschränkt überprüfbaren Beurteilungs- und Ermessensspielraum ein.[87]

85 EuGH, Urteil vom 12.12.2002, Rs. C-470/99 – Universale-Bau AG = EuZW 2003, 147 = VergabeR 2003, 141; VK Bund, Beschluss vom 30.5.2006, VK 1 - 31/06, VERIS; OLG Düsseldorf, Beschluss vom 16.2.2005 – VII-Verg 74/04, Verg 74/04 = VergabeR 2005, 364; VK Südbayern, Beschluss vom 22.7.2005 – 26 - 05/05, VERIS; VK Sachsen, Beschluss vom 1.3.2004 – 1/SVK/005 - 04 = NZBau 2004, 408; VK Nordrhein-Westfalen, Beschluss vom 28.8.2000 – VK - 16/2000 – L, VERIS; Kulartz, in Kulartz/Kus/Portz, a. a. O., § 97 GWB Rn. 103, 106; Weyand, a. a. O., § 97 GWB Rn. 621, 626; Kulartz, in Kulartz/Kus/Portz, a. a. O., § 97 GWB Rn. 103, 106; Stickler, in Reidt/Stickler/Glahs, a. a. O., § 97 GWB Rn. 29.

86 Vgl. OLG Dresden, Beschluss vom 5.1.2001 – WVerg 11/00, WVerg 12/00, WVerg 0011/00, WVerg 0012/00 = VergabeR 2001, 41: „Der Zuschlag wird regelmäßig dann nicht auf das wirtschaftlichste Angebot im Sinne des § 97 Abs. 5 GWB und der einschlägigen Verdingungsordnungen erteilt, wenn der Auftragsvergabe ein Punktbewertungssystem zugrunde liegt, in das der Preis mit einer Quote von weniger als 30 % einbezogen ist"; VK Sachsen, Beschluss vom 29.11.2001 – 1/SVK/109 - 01, VERIS; ähnlich Hailbronner, in Byok/Jaeger, a. a. O., § 97 GWB Rn. 265; a. A. OLG Düsseldorf, Beschluss vom 29.12.2001, Verg 22/01 = VergabeR 2002, 267.

87 Vgl. Weyand, a. a. O., § 8 VOB/A Rn. 3926 m. w. N.

11. Keine Aufbürdung ungewöhnlicher Wagnisse, aber Zulässigkeit der Übertragung kalkulierbarer Risiken

Nach § 9 Nr. 2 VOB/A darf dem Auftragnehmer kein ungewöhnliches Wagnis für Umstände und Ereignisse aufgebürdet werden, auf die er keinen Einfluss besitzt und deren Einwirkung auf die Preise und Fristen er im Voraus nicht abschätzen kann. Gemeint sind damit nicht die üblichen Wagnisse, die mit einer Bautätigkeit verbundenen sind. Vielmehr geht es um beeinflussbare und preislich nicht vorab abschätzbare Ereignisse und Umstände, die außerhalb der vertragstypischen Risikoverteilung liegen.[88] Maßstab ist hierfür, welche Risiken ein Auftragnehmer üblicherweise in der konkreten Branche zu tragen hat.[89] Ein ungewöhnliches Wagnis liegt auf dieser Grundlage dann vor, wenn dem Bieter die Basis für eine ordnungsgemäße Angebotskalkulation fehlt. Im Bereich der Bauleistungen zählen hierzu etwa die Übernahme von lediglich durch Bezugnahme auf nicht überreichte Urkunden beschriebene Risiken (z. B. Investorenrisiken), die Übernahme längerer Pufferzeiten für Schlechtwetter und sonstige Behinderungen bei der Bauausführung sowie die Verantwortung für den Zustand von Gebäuden und Gebäudeteilen, die nicht näher beschrieben und einer Überprüfung durch den Bieter entzogen sind.[90] Keine ungewöhnlichen Wagnisse sind demgegenüber kalkulierbare Risiken. Eine Kalkulierbarkeit ist regelmäßig bei Risiken gegeben, auf die der Auftraggeber ausdrücklich hinweist,[91] da die Bieter diese in ihre Kalkulation einbeziehen und auf dieser Grundlage über ihre Teilnahme am Vergabeverfahren entscheiden können.[92]

88 Leinemann, a. a. O., Rn. 488; siehe auch Weyand, a. a. O., § 9 VOB/A Rn. 4144, 4147 m. w. N.

89 Weyand, a. a. O., § 9 VOB/A Rn. 4144 m. w. N.

90 Leinemann, a. a. O., Rn. 488; weitere Beispiele bei Weyand, a. a. O., § 9 VOB/A Rn. 4150 ff.

91 Leinemann, a. a .O., Rn. 488; Weyand, a. a. O., § 9 VOB/A Rn. 4146 m. w. N.

92 Vgl. auch Weyand, a. a. O., § 9 VOB/A Rn. 4145 m. w. N.

Neue vergaberechtliche Herausforderungen für die kommunale Praxis

*Prof. Dr. Willy Spannowsky**

* Prof. Dr. Willy Spannowsky ist tätig an der Technischen Universität in Kaiserslautern.

I. Einleitung

Nicht nur das europäische Vergaberecht hat sich in neuerer Zeit verändert, sondern auch die Anforderungen, die aus dem gewandelten und von der Rechtsprechung auf europäischer und nationaler Ebene ausgeformten Vergaberecht abgeleitet werden. Das Vergaberecht macht Schlagzeilen: „Städtebauliche Verträge vor den Vergabegerichten – Ende des kooperativen Städtebaus?“ So überschrieb jüngst Bunzel vom Difu einen Beitrag in den Difu-Berichten. Obwohl Ziekow[1] sich kritisch mit der Entscheidung des OLG Düsseldorf „Flugplatz Ahlhorn“[2] auseinandergesetzt hat, ist er zu der aus seiner Sicht klaren Quintessenz gelangt, dass die Ausschreibungsfreiheit städtebaulicher Verträge in Zukunft ein seltener Ausnahmefall sein werde. Diese für Öffentliche und Private Partnerschaften (ÖPP-Geschäfte) relevante Schlussfolgerung aus den vergaberechtlichen Entwicklungen macht bei diesen allerdings nicht Halt. Denn die vergaberechtlichen Anforderungen erfassen zwischenzeitlich auch die Wahrnehmung öffentlicher Aufgaben im Rahmen interkommunaler Zusammenarbeit, als auch die Partnerschaften zwischen öffentlichen Aufgabenträgern. Diesbezüglich drängt sich die Frage auf: Wird die Strategie der interkommunalen Kooperation, die der Erhaltung der kommunalen Handlungsspielräume dient, durch das Vergaberecht durchkreuzt?

Die Bundesregierung hat laut einer Pressemeldung in der FAZ vom 6.3.2008, die mit der Überschrift „Entwarnung für Kommunen“ versehen war,[3] auf eine kleine Anfrage der FDP (16/8292) geantwortet, dass der Verkauf von Baugrundstücken keine „Beschaffung“ im Sinne des Vergaberechts sei. In dem Presseartikel heißt es weiter, dass sich die Regierung von der Rechtsprechung des OLG Düsseldorf distanziere. Es solle im GWB für die Rechtsanwendung eine entsprechende Klarstellung erfolgen.

Ob und inwieweit für Fälle, wie sie das OLG Düsseldorf im Fall „Fliegerhorst Ahlhorn“ vom 13.6.2007 und mit Beschluss vom 12.12.2007[4] entschieden hat, im Einklang mit dem Gemeinschaftsrecht bzw. der Rechtsprechung des EuGH

1 Vgl. Ziekow, Städtebauliche Verträge zwischen Bauauftrag und Baukonzession, DVBl. 2008, 137 ff. (145); ebenfalls kritisch, aber mit abweichender Ansicht hinsichtlich des Durchführungsvertrags; Reidt, Grundstücksveräußerungen der öffentlichen Hand und städtebauliche Verträge als ausschreibungspflichtige Baukonzession?, BauR 10/2007, 1664 ff.; Krohn, „Flugplatz Ahlhorn“: Ausschreibungspflicht für Grundstücksgeschäfte der öffentlichen Hand?, ZfBR 2008, 27 ff.; Vetter/Bergmann, Investorenwettbewerbe und Vergaberecht, NVwZ 2008, 133 ff.

2 OLG Düsseldorf, Beschluss vom 13.6.2007 – VII-Verg 2/07 = ZfBR 2008, 102 ff.

3 FAZ vom 7.3.2008, Immobilienteil, Nr. 57, 47.

4 OLG Düsseldorf, Beschluss vom 12.12.2007 – Verg 30/07 = ZfBR 2008/2, 207 ff.

eine andere rechtliche Beurteilungsgrundlage geschaffen werden kann, ist zweifelhaft und bedarf der Klärung.

Das Vergaberecht ist gemeinschaftsrechtlich determiniert. Deshalb ist zwischen den gemeinschaftsrechtlichen und den nationalen Vergabeanforderungen zu unterscheiden. Die Vergabeanforderungen nach europarechtlichem und nach nationalem Standard unterscheiden sich vor allem in verfahrensrechtlicher Hinsicht. In materieller Hinsicht müssen die Prinzipien der Transparenz, des Wettbewerbs und der Gleichbehandlung gleichermaßen beachtet werden.

Zu allererst bedarf es einer Eingrenzung der oben schlagzeilenartig umrissenen Ausschreibungsproblematik. Die Ausschreibungspflicht nach gemeinschaftsrechtlichen Verfahrensvorgaben betrifft nur Verträge, deren Gesamtwert oberhalb der in den einschlägigen Richtlinien festgelegten Schwellenwerte liegt. Nach der Verordnung 1422/2007 der Kommission vom 4.12.2007 zur Änderung der Richtlinien 2004/17/EG und 2004/18/EG des Europäischen Parlaments und des Rates im Hinblick auf die Schwellenwerte für Auftragsvergabeverfahren[5] beträgt dieser bei öffentlichen Bauaufträgen im Sinne der Richtlinie 2004/18/EG des Europäischen Parlaments und des Rates vom 31.3.2004 über die Koordinierung der Verfahren zur Vergabe öffentlicher Bauaufträge, Lieferaufträge und Dienstleistungsaufträge 5.150.000 €, bei öffentlichen Liefer- und Dienstleistungsaufträgen, die von Landesbehörden, Städten und Gemeinden vergeben werden, 206.000 € und im Geltungsbereich der Richtlinie 2004/17/EG des Europäischen Parlamentes und des Rates vom 31.3.2004 zur Zuschlagserteilung durch Auftraggeber im Bereich der Wasser-, Energie- und Verkehrsversorgung sowie der Postdienste bei Liefer- und Dienstleistungsaufträgen 412.000 € und bei Bauaufträgen wie auch außerhalb des Anwendungsbereichs der Sektorenrichtlinie 5.150.000 €.

Zu beachten ist, dass der Gesamtwert sich nach der Rechtsprechung des EuGH[6] nicht lediglich auf den Auftragswert bezieht, die der öffentliche Auftraggeber als Gegenleistung für die ihm übergebenen baulichen Anlagen gezahlt bekommt und auch nicht lediglich auf den Auftragswert, der sich aus der Gegen-

5 Durch die Verordnung 2083/2005 der Kommission vom 19.12.2005 zur Änderung der Richtlinien 2004/17/EG und 2004/18/EG des Europäischen Parlaments und des Rates im Hinblick auf die Schwellenwerte für die Anwendung auf Verfahren zur Auftragsvergabe, ABl. 2005 L 333/28, wurden die zunächst aufgrund der Richtlinien 2004/17 und 2004/18 hochgesetzten Schwellenwerte schon einmal und nunmehr wieder auf das Ausgangsniveau vor Inkrafttreten der Richtlinien 2004/17/EG und 2004/18/EG abgesenkt. Dieses Hin und Her bei der Festlegung der Schwellenwerte trägt nicht gerade zur Rechtssicherheit im Bereich des Vergabewesens bei.

6 EuGH, Urteil vom 18.1.2007, C-220/05 = EuZW 2007, 117 – Aurox u. a./Commune de Roanne und Société d'équipement du département de la Loire (SEDL).

leistung für die ihm übergebenen baulichen Anlagen und finanziellen Beiträgen für sämtliche zu errichtende bauliche Anlagen zusammensetzt. Vielmehr muss bei der Feststellung des Auftragswerts der Gesamtwert der Arbeiten berücksichtigt werden. Dies schließt außer den vom öffentlichen Auftraggeber gezahlten Beträgen auch die von Dritten als Gegenleistung für die für ihre Rechnung errichteten Bauwerke erhaltenen Beträge ein.

Bleibt der Gesamtwert unterhalb dieser Schwellenwerte oder liegen Vergabevorgänge außerhalb des sachlichen Anwendungsbereichs der Vergaberichtlinien, wie z. B. die Vergabe von Dienstleistungskonzessionen, richtet sich die Vergabe grundsätzlich nach den nationalen vergaberechtlichen Anforderungen. Dabei sind sowohl materielle als auch verfahrensrechtliche Anforderungen zu beachten. Abgesehen davon bestehen auch europarechtliche Vorgaben, die aus der Geltung des Transparenz- und des wettbewerbsrechtlichen Gleichbehandlungsgebots herrühren. Wenngleich nicht die strikten Verfahrensanforderungen des Gemeinschaftsrechts zum Tragen kommen, entfaltet die materielle Standardisierung aufgrund des Transparenz- und des wettbewerbsrechtlichen Gleichbehandlungsgebots ihre Wirkung. Ist das begünstigte Unternehmen nicht als Bestandteil der Struktur der „internen" Verwaltung des öffentlichen Aufgabenträgers zu betrachten, so kann sich ein im Wettbewerb stehendes Unternehmen auf das Transparenz- und das Publizitätsgebot sowie das wettbewerbliche Gleichbehandlungsgebot bzw. Diskriminierungsverbot stützen.

Der EuGH hat hinsichtlich der Vergabe einer Dienstleistungskonzession bezüglich der Verwaltung, des Vertriebs und der Wartung der Anlagen eines Methangasnetzes aus der Verpflichtung zur Gewährung angemessener Transparenz abgeleitet, dass diese notwendigerweise eine Verpflichtung zur Vornahme einer Ausschreibung umfasse. Die Ausschreibung müsse geeignet sein, auch einem in einem anderen Mitgliedstaat als dem der Gemeinde niedergelassenen Unternehmen vor der Vergabe Zugang zu angemessenen Informationen über diese Konzession zu ermöglichen (so ausdrücklich der EuGH in der „Coname"-Entscheidung).[7] Zweifelhaft ist, ob daraus auch verfahrensrechtliche Anforderungen für die Auftragsvergabe im Unterschwellenbereich nach nationalem Verfahrensrecht abzuleiten sind. Dies dürfte – ausgehend von dieser EuGH-Entscheidung – hinsichtlich der Wahrung eines angemessenen materiellen Transparenz- und Gleichbehandlungsstandards zu bejahen sein (vgl. auch die Pferdewetten-Entscheidung des EuGH[8]).

7 Vgl. EuGH, Urteil vom 21.7.2005, C-231/03 = ZfBR 2005, 701 ff.

8 Vgl. EuGH, Urteil vom 13.9.2007, C-260/04 (noch nicht veröffentlicht).

Wegen der Existenz verschiedener Vergaberichtlinien mit unterschiedlichen Anforderungen besteht angesichts der Vielgestaltigkeit und Komplexität der Sachverhaltsgestaltungen, die in der Praxis vorkommen, ein beträchtlicher Differenzierungsaufwand und eine nicht zu unterschätzende Rechtsunsicherheit bei der Beurteilung der verschiedenen Fallgestaltungen. Dies macht verständlich, warum sich die Rechtsprechung in der neueren Zeit zunehmend mit Fragestellungen hinsichtlich des öffentlichen Vergabewesens befassen musste. Die Problematik der aus dem EG-Recht abgeleiteten Vergabeanforderungen für das Städtebau- und Planungsrecht liegt vor allem in der Rechtsunsicherheit, die auf der Linie der Rechtsprechung und der aktuellen Fassung der Rechtsmittelrichtlinie dadurch entsteht, dass ausschreibungspflichtige Verträge als unwirksam zu beurteilen sind, wenn keine Ausschreibung erfolgt ist. Dazu kommt, dass aus dem Verstoß gegen vergaberechtliche Vorschriften auch Haftungsansprüche von ausgeschlossenen Bietern resultieren können. Schließlich liegt die Problematik weiter darin, dass die Vielzahl der „kleinen Kommunen" damit überfordert sein dürfte, die differenzierten Verfahrensanforderungen zu erfüllen, und dass bei der damit verbundenen Unsicherheit, mit einer EU-weiten Ausschreibung zudem ein erheblicher Finanz- und Personalaufwand verbunden ist. Dies kann dazu führen, dass die ohnehin finanziell schwer angeschlagene Mehrheit der Kommunen in einer Ohnmacht erlahmen könnte, weil sie die Rechtsunsicherheiten, den Aufwand und die finanziellen Belastungen einer erforderlichen EU-weiten Ausschreibung scheuen und dass dies wiederum mit schädlichen Rückwirkungen für die städtebauliche und regionale Entwicklung auf kommunaler Ebene einhergehen könnte.

Um diese Befürchtungen verständlich zu machen, ist es erforderlich, auf die Entwicklungen des kooperativen Städtebaus, den Stellenwert, den Investorenverträge und die interkommunale Kooperation bei der Verwirklichung städtebaulicher Aufgaben in Deutschland einnehmen, einzugehen.

Der kooperative Städtebau, die nachfrageorientierte Planung, die PPP (Public-Private-Partnership) oder ÖPP bzw. Öffentlich-Private Partnerschaft sind wie die interkommunale Kooperation seit Beginn der 90er Jahre des letzten Jahrhunderts zunehmend zu Gegenständen staatlicher Steuerung geworden. Dies beruhte nach der Wiedervereinigung auf der Erkenntnis, dass die umfangreichen Wiederaufbau-, Sanierungs-, Konversions- und städtebaulichen Entwicklungskosten künftig nicht mehr von den Kommunen allein getragen werden kann, dass dafür vielmehr auch privates Kapital benötigt werden würde. Private Investoren wurden auf der Basis städtebaulicher Verträge an den Planungs- und Erschließungskosten beteiligt, übernahmen auf vertraglicher Basis die Kosten für städtebauliche Ausgleichsmaßnahmen auf anderen Grundstücken, für Umweltprüfungen und die Durchführung und Finanzierung sonstiger Kosten der Planvorbereitung und -verwirklichung. Der Motivationsgrund dafür war, dass sie auf den von ihnen bereits erworbenen oder noch zu erwerbenden Grundstücken aufgrund der mit der Gemeinde mehr oder weniger eng abgestimmten Bauleitplanung grundstücksbezogene Nutzungsrechte eingeräumt bekommen. Die Gemeinden wiederum hatten an der Kooperation mit den Investoren deshalb Interesse, weil damit eine erhebliche finanzielle Entlastung verbunden war und sie trotz eines gewissen faktischen Einflusses die Letztentscheidung über die Gemeindeentwicklung behielten.

Für die staatliche Förderung der interkommunalen Zusammenarbeit, die bis in die Mitte des 19. Jahrhunderts zurückreicht, gibt es in neuerer Zeit wichtige öffentliche Gründe: Die nachhaltige Finanzökonomie verlangt, dass die Kommunen, damit sie überhaupt noch handlungsfähig sind, arbeitsteilig Aufgaben gemeinsam erfüllen. Dies ist eine strategische Anforderung, die aus der Not geboren ist. Viele Aufgabenfelder können von den Kommunen nicht mehr allein bewältigt werden. Neben der Privatisierung, der Deregulierung gehört die interkommunale Zusammenarbeit zu den staatlichen Reformrezepten der nachhaltigen Landes- und Kommunalentwicklung. Für diese Bereiche ist kennzeichnend, dass viele Daseinsvorsorgeaufgaben im Rahmen der interkommunalen Kooperation verwirklicht werden.

Vor diesem Hintergrund stellt sich die Frage, ob und inwieweit das Vergaberecht oder die neuere Vergaberechtsprechung die mit ÖPP und interkommunaler Kooperation verbundenen staatlichen Strategien durchkreuzt. Wenn dies so sein sollte, stellt sich die Frage, ob und inwieweit das Wettbewerbsrecht vor dem kommunalen Selbstverwaltungsrecht und vor der staatlichen Organisationsbefugnis im Bereich staatlicher Aufgabenwahrnehmung Vorrang beanspruchen kann. Andererseits stellt sich die Frage, wo die Grenzen unzulässiger protektionistischer Maßnahmen, unzulässiger Bevorzugung bestimmter Investoren und Privater, ja privater und öffentlicher Kungelei verlaufen. Dass die ÖPP im Städtebaurecht in eine Grauzone hineinführen kann, wurde in Einzelfällen durchaus erkannt. So hat schon Grziwotz[9] 1996 zutreffend beschrieben, dass der kooperative Städtebau sich in der Bandbreite zwischen Kooperation und Korruption bewege. Es sind auch tatsächlich kritische Grenzüberschreitungen bekannt ge-

9 Vgl. Grziwotz, Städtebauliche Verträge als Weg zu einer sozialgerechten Bodennutzung?, DVBl. 1994, 1048 (1050); Spannowsky, Städtebauliche Verträge als Instrumente zur Bewältigung komplexer städtebaulicher Entwicklungsaufgaben bei der Wiedernutzung von Brachflächen?, UPR 1996/6, 201 (210).

worden, die sogar die durch das Strafrecht gezogenen Grenzen der Untreue und der Vorteilsannahme überschritten haben.

Das Wettbewerbsrecht dient dem Schutz anderer öffentlicher Schutzgüter: Es soll im Binnenmarkt einen unverfälschten Wettbewerb und prinzipiell gleiche Marktchancen für alle Marktteilnehmer gewährleisten. Deshalb steht die Verwirklichung folgender Prinzipien im Vordergrund: Transparenz, Gleichbehandlung der Wettbewerber und Öffentlichkeit. Mittelbar dient die Durchsetzung der an einen fairen Wettbewerb zu stellenden Anforderungen zugleich dem Schutz der öffentlichen Finanzinteressen. Denn man schätzt, dass hohe Summen öffentlicher Gelder verschwendet werden, weil sich die wirtschaftlich günstigsten Angebote nicht durchsetzen, die öffentlichen Aufträge vielmehr nach anderen Kriterien vergeben werden, wie z. B. nach dem Bekanntheitsgrad oder der Nähe der privaten Bieter zum öffentlichen Auftraggeber. Im Widerstreit stehen somit einerseits das kommunale Selbstverwaltungsrecht und das staatliche Interesse an kommunaler Handlungsfähigkeit und Effizienz, die beide einen Spielraum eigenverantwortlicher Aufgabenwahrnehmung voraussetzen und andererseits das Funktionieren eines möglichst unverfälschten Binnenmarkts, das Interesse an einer Gleichbehandlung aller Marktteilnehmer und den Schutz der öffentlichen Finanzinteressen. Vor diesem Hintergrund sind sowohl sogenannte Investorenverträge, also städtebauliche Verträge und sonstige Verträge mit Investoren, die eine Bau-, Dienstleistungs- oder freiberufliche Leistung zum Gegenstand haben, als auch Kooperationsverträge zwischen Kommunen, soweit sie nicht als sogenannte „Inhouse-Geschäfte" angesehen werden können, in das Visier der Rechtsprechung geraten. Die Folgen sind weitreichend und haben bei den davon betroffenen Kommunen hohe Unsicherheit ausgelöst. Denn der Verstoß gegen die europarechtliche Ausschreibungspflicht soll nach einer Entscheidung der Vergabekammer Münster die Nichtigkeit der abgeschlossenen Verträge zur Folge haben. In die gleiche Richtung weist die geänderte Rechtsmittelrichtlinie 2007/66/EG vom 11.12.2007,[10] die in Art. 2 d) ebenfalls als Sanktion für den Verstoß gegen die Ausschreibungspflicht die Nichtigkeit abgeschlossener Verträge vorsieht.

Ausgehend von diesem Spannungsfeld der im Konflikt stehenden öffentlichen Interessen ist der Frage nachzugehen, ob die von der Rechtsprechung des EuGH und der nationalen Gerichte markierte Grenzlinie für eine Ausschreibungspflicht öffentlicher Aufträge eine ausgewogene Balance zwischen den

10 Vgl. Richtlinie 2007/66/EG des Europäischen Parlaments und des Rates vom 11.12.2007, ABl. Nr. L 335/31.

widerstreitenden Interessen wahrt. Dazu ist eine Rechtsprechungsanalyse zu den beiden genannten Themenkreisen erforderlich.

II. Analyse der Rechtsprechung hinsichtlich ihrer Auswirkungen auf die Vergabe von öffentlichen Aufträgen im Bereich des Städtebaus

Der aktuelle Stand der Rechtsprechung zu sogenannten Investorenverträgen im Städtebaurecht und zu der Aufgabenerfüllung im interkommunalen Rahmen lässt sich durch mehrere Entscheidungen deutscher Gerichte seit der einen Wendepunkt markierenden Entscheidung des EuGH vom 18.1.2007 nachzeichnen. Bis zu dieser Entscheidung haben nationale Gerichte – nicht nur in Deutschland, sondern auch in anderen Mitgliedstaaten – die Auffassung vertreten, dass Grundstücksverkäufe der öffentlichen Hand auch dann nicht dem Vergaberecht unterworfen sind, wenn sie mit einer Bauverpflichtung einhergehen. Für diese Rechtsposition wird in Deutschland immer wieder die Entscheidung des BayOblG vom 19.10.2000[11] angeführt. In dieser Entscheidung hatte das BayOblG die Auffassung vertreten, dass der Durchführungsvertrag als öffentlicher Vertrag lediglich die notwendige Verknüpfung zwischen dem Vorhabenträger, der Gemeinde und dem späteren vorhabenbezogenen Bebauungsplan herstelle. Die notwendig in ihm enthaltene Verpflichtung des Vorhabenträgers, auf der Grundlage des mit der Gemeinde abgestimmten Vorhabens und Bebauungsplans das Vorhaben durchzuführen, sind auf die Realisierung des Vorhabens an sich, nicht auf die Erbringung einer an sich vergütungspflichtigen Bauleistung der Gemeinde gerichtet. Er diene damit nicht Beschaffungszwecken der Gemeinde und unterliege daher nicht vergaberechtlichen Vorgaben. Das bloße städtebauliche Interesse der Gemeinde an einer Infrastrukturmaßnahme reiche dafür nicht aus.

Dem ist der EuGH in seinem Urteil vom 18.1.2007 – Jean Aurox u. a./ Commune de Roanne und Société d'équipement du département de la Loire (SEDL) – entgegengetreten, in dem er sich mit einer Vereinbarung zwischen der Stadt Roanne und der SEDL über die Errichtung eines Freizeitzentrums befassen musste. Gegenstand der Beauftragung eines öffentlichen Unternehmens war eine stadtplanerische Neugestaltung, die Errichtung eines Freizeitzentrums, die aufgrund der abgeschlossenen Vereinbarung zwischen dem öffentlichen Unternehmen und der Stadt realisiert werden sollte. Dazu verpflichtete sich das öffentliche Unternehmen in der Vereinbarung zum Kauf von Grundstücken, der Be-

11 BayOblG, Entscheidung vom 19.10.2000 – Verg. 9/00 = ZfBR 2001, 116 f.

schaffung von Finanzmitteln und der Durchführung eines Auswahlverfahrens für Architekten und/oder Planungsbüros. Außerdem verpflichtete es sich dazu, Planungen vornehmen und die Bauarbeiten durchführen zu lassen, bestimmte Buchungsbelege und Verwaltungsunterlagen zusammenzustellen und auf dem Laufenden zu halten, wirksame Mittel zur Sicherstellung der Vermarktung der baulichen Anlagen bereitzustellen und im Allgemeinen die Leitung und die Koordinierung des Vorhabens und die Unterrichtung der Stadt sicherzustellen. Die baulichen Anlagen (Multiplex-Kino und Geschäftsräume) waren teilweise zur Veräußerung an Dritte und teilweise, nämlich ein Parkplatz, Zugangswege und öffentliche Plätze zur Übergabe an den öffentlichen Aufgabenträger bestimmt. Der EuGH hat diese Vereinbarung als öffentlichen Bauauftrag qualifiziert. Er stellte dabei darauf ab, dass die Errichtung des Freizeitzentrums den von der Stadt Roanne in der Vereinbarung genannten Erfordernissen entspreche. Denn es ergebe sich aus mehreren Punkten des Vertrags, dass die Stadt Roanne durch die Verwirklichung des Freizeitzentrums in seiner Gesamtheit versuche, das Bahnhofsviertel aufzuwerten und zu beleben. Es sei insofern unerheblich, dass die SEDL auf Subunternehmer zurückgreife, um die Planung und die Ausführung der Arbeiten sicherzustellen. Dabei komme es auch nicht darauf an, dass die Stadt die errichteten Baulichkeiten nicht selbst erwerben oder nutzen sollte.

Den Weg in diese Interpretationsrichtung hatte der EuGH schon in der sogenannten Scala-Entscheidung des EuGH[12] gewiesen. Dort hatte es der EuGH für die Bejahung eines öffentlichen Bauauftrags als ausreichend angesehen, dass die Gemeinde (die Stadt Mailand) die rechtliche Befugnis habe, die Verfügbarkeit der darin bezeichneten Anlagen im Interesse ihrer öffentlichen Zweckbestimmung sicherzustellen. Dass der Erschließungsvertrag dem öffentlichen Recht unterliege, stehe dem Vorliegen eines öffentlichen Bauauftrags im Sinne des Vergaberechts nicht entgegen.

1. Rechtsprechung zu sogenannten Investorenverträgen im Städtebaurecht

Mit der „Roanne"-Entscheidung vom 18.1.2007[13] hat der EuGH der früheren Rechtsprechung der deutschen Vergabesenate und Verwaltungsgerichte, wonach Grundstückskaufverträge und städtebauliche Verträge auch dann nicht dem Vergaberecht unterworfen ist, wenn sie mit einer Bauverpflichtung verbun-

12 Teatro alla Aicocca = EuZW 2001, 532.

13 NZBau 2007, 185.

den sind,[14] ein Ende bereitet. Der EuGH hat in dieser Entscheidung, die im Rahmen eines Vorabentscheidungsverfahrens ergangen ist, seine Rechtsprechung insoweit fortgesetzt,[15] als er betont hat, dass auch öffentliche Aufträge, die an Auftragnehmer vergeben werden, die ihrerseits öffentliche Auftraggeber sind, in den Anwendungsbereich der Richtlinie über die Koordinierung der Verfahren zur Vergabe öffentlicher Bauaufträge[16] fallen und danach ausschreibungspflichtig sein können. Diese Richtlinie enthalte nämlich keine Bestimmung, die Art. 6 der Richtlinie 92/50/EWG entspräche. Daraus schließt der EuGH weiter, dass im Ergebnis beide öffentlichen Auftraggeber zur Ausschreibung der öffentlichen Aufträge verpflichtet sein können.

Eine Ausschreibungspflicht kann also nicht nur gegeben sein, wenn der Vertragspartner ein Privater ist, sondern auch dann, wenn er selbst die Eigenschaft eines öffentlichen Auftraggebers erfüllt. Eine Ausnahme von der Ausschreibungspflicht lässt der EuGH nur bei sogenannten Inhouse-Geschäften zu. Die Voraussetzungen eines solchen Inhouse-Geschäfts sieht er nur als erfüllt an, wenn die Gebietskörperschaft über die fragliche Person eine Kontrolle ausübt wie über ihre eigenen Dienststellen und wenn diese Person zugleich ihre Tätigkeit im Wesentlichen für die Gebietskörperschaft oder die Gebietskörperschaften verrichtet, die ihre Anteile innehaben. Diese Voraussetzung sei bei gemischt-wirtschaftlichen Unternehmen nicht gegeben. Mit diesem Urteil hat der EuGH, wie Boesen in seiner Anmerkung zu dem Urteil zutreffend betont hat,[17] das Ende einer europaweit verbreiteten Praxis eingeläutet, wonach Kommunen ohne Ausschreibung eine Stadtentwicklungsgesellschaft, die als gemischt-wirtschaftliches Unternehmen tätig ist, mit der Durchführung von städtebaulichen Entwicklungsmaßnahmen beauftragen.

In dieser Entscheidung sind aber auch zwei Besonderheiten hervorzuheben: zum einen war Gegenstand der Beauftragung nicht nur eine Bauverpflichtung, sondern auch eine Verpflichtung zum Kauf von Grundstücken, wobei die Verpflichtung zum Kauf von Grundstücken für sich betrachtet nicht unter die Ausschreibungspflicht fällt. Zum anderen handelt es sich um einen Vertrag mit verschiedenen Auftragsgegenständen, so dass sich die Frage stellt, unter welche der Vergaberichtlinien der Sachverhalt zu subsumieren war. Diesbezüglich stellte der

14 Ausdrücklich dazu BayObLG = NZBau 2002, 109.

15 Vgl. EuGH = EuZW 2000, 246 Rn. 44 – Teckal; EuGH = EuZW 2005, 632 Rn. 45 – Carbotermo.

16 Vgl. Richtlinie 93/37/EWG des Rates vom 14.6.1993 in der durch die Richtlinie 97/52/EG des Europäischen Parlaments und des Rates vom 13.10.1997 (ABlEG Nr. L 328, 1) geänderten Fassung.

17 So ausdrücklich Boesen, EuZW 2007, 121.

EuGH[18] klar, dass dann, wenn ein Vertrag zugleich Elemente eines öffentlichen Bauauftrags und Elemente eines öffentlichen Auftrags anderer Art aufweise, der Hauptgegenstand des Vertrags darüber bestimme, welche Gemeinschaftsrichtlinie über öffentliche Aufträge grundsätzlich Anwendung finde.

Offen blieb nach dieser Entscheidung des EuGH, ob die Ausschreibungspflicht auch zum Tragen kommt, wenn der Auftragnehmer das Grundstück erwirbt und sich parallel dazu oder danach im Rahmen eines weiteren Vertrags der Gemeinde gegenüber verpflichtet, nach deren Vorstellungen ein Bauvorhaben auf dem Grundstück zu verwirklichen. Offen blieb nach der Entscheidung des EuGH weiter, ob die Ausschreibungspflicht auch zum Tragen kommt, wenn der Auftragnehmer das Grundstück erwirbt, nachdem er mit der Gemeinde einen Vertrag abgeschlossen hat, in dem er sich verpflichtet hat, die Planungs- und Erschließungskosten zu tragen. Solche Fälle sind zudem von der Besonderheit geprägt, dass die Gemeinde – ohne Rechtspflicht und ausgestattet mit dem Recht, ihre Planung jederzeit ändern zu können – bereit ist, auf der Basis der Planungsvorstellungen des Investors, die er in einem Vorhaben- und Erschließungsplan niedergelegt hat, eine Bebauungsplan aufzustellen. In diesem Fall gibt der Investor den Anstoß zur Planung und nimmt maßgebend Einfluss darauf, welche Nutzung auf dem Grundstück realisiert wird. Ziel der planerischen und vertraglichen Abstimmung ist, die Vorstellungen des Investors und Grundstückseigentümers in Einklang mit den Planungsvorstellungen der Gemeinde zu bringen. Man kann in vielen dieser Fälle sagen, dass die Gemeinde eher nach den Vorstellungen des Investors plant als nach ihren eigenen.

Auf der Linie dieser EuGH-Rechtsprechung sind deutsche Gerichte indessen in mehreren Entscheidungen in der Folgezeit weiter vorangeschritten und haben die vergaberechtlichen Maßstäbe für das kooperative Städtebaurecht verschärft.

So hat das OLG Düsseldorf in seiner „Fliegerhorst Ahlhorn"-Entscheidung vom 13.6.2007[19] generell Grundstücksverkäufe der öffentlichen Hand mit Bauverpflichtung der Ausschreibungspflicht unterworfen. Es hat die Auffassung vertreten, dass es dabei nicht darauf ankomme, ob die Bauverpflichtung im Kaufvertrag geregelt sei. Ausreichend sei, dass die Bauverpflichtung durch einen mit dem Kaufvertrag verbundenen städtebaulichen Vertrag mit der Gemeinde begründet worden sei. Als maßgebend für die Annahme eines öffentlichen

18 EuGH, EuZW 2007, 117 (119) im Anschluss an EuGH, EuZW 1994, 349 – „Gestión Hotelera Internacional."

19 NZBau 2007, 530.

Auftragsverhältnisses sieht es das OLG Düsseldorf an, ob sich der öffentliche Grundstücksverkäufer bei der Auswahl des Investors eng mit der Gemeinde abgestimmt und sich deren Planungsvorstellungen zu eigen gemacht hat. Als Bauauftrag im Sinne von § 99 Abs. 3 GWB seien in richtlinienkonformer Auslegung auch die in dieser Vorschrift nicht ausdrücklich genannten Baukonzessionen anzusehen. Dementsprechend seien entsprechend der Richtlinie in § 6 Abs. 1 S. 1 VgV die Bauaufträge und Baukonzessionen genannt. Für die Annahme eines Bauauftrages reiche es aus, dass der Auftraggeber den Auftragnehmer mit der Erstellung von Bauwerken/Bauvorhaben entsprechend seinen Erfordernissen beauftrage. Dass der Auftraggeber damit einen eigenen Bedarf befriedigen wolle, sei nicht Voraussetzung für das Vorliegen eines Bauauftrags oder einer Baukonzession. Es reiche, dass der öffentliche Auftraggeber überhaupt öffentliche Aufträge vergebe, zu welchen Zwecken auch immer. Es sei auch unerheblich, ob der Auftraggeber oder ein Dritter für die Bauleistung ein Entgelt zahle oder nicht. Bei der Berechnung des Schwellenwertes könnten vielmehr auch die Einnahmen berücksichtigt werden, die der Auftragnehmer durch die Veräußerung der errichteten Bauwerke erziele. Die Besonderheit der Baukonzession im Vergleich mit einem Bauauftrag bestehe darin, dass der Vertragspartner des öffentlichen Auftraggebers das wirtschaftliche Risiko des Geschäfts trage. Der Begriff der Baukonzession sei weit auszulegen, um sämtliche Fallkonstellationen einer Beauftragung mit Bauleistungen nach den Erfordernissen des öffentlichen Auftraggebers zu erfassen. Bei der Baukonzession gehöre die Finanzierung des Auftragnehmers durch dritte Nutzer zu ihrem Wesen. In dem von dem OLG Düsseldorf zu beurteilenden Fall waren der Kaufvertrag und der städtebauliche Vertrag so aufeinander abgestimmt, dass in dem Durchführungsvertrag die Verpflichtung zur Erschließung und Durchführung der baulichen Maßnahmen mit Zeitplan nach Maßgabe der gemeindlichen Planungsvorstellungen geregelt war. Deshalb hat das OLG Düsseldorf angenommen, dass der Kaufvertrag, den die bundeseigene GmbH als bisherige Grundstückseigentümerin mit dem Bieter abschloss, zusammen mit dem städtebaulichen Vertrag, den die Gemeinde verlangte und den die bundeseigene GmbH zur „conditio sine qua non“ für den Kaufvertragsschluss machte, mit der Vergabe einer Baukonzession verbunden sei, weil damit dem Bieter nach Maßgabe der gemeindlichen Nutzungskonzeption gegen Entgelt eine Nutzungsmöglichkeit eröffnet wurde, die er aufgrund der ihm gebotenen Handreichung über einen Verkauf oder über eine Vermietung der von ihm bebauten Grundstücke refinanzieren könne.

In einem Urteil vom 12.12.2007 ist das OLG Düsseldorf noch einen Schritt weitergegangen, indem es in einem weiteren Beschluss über eine sofortige Beschwerde gegen den Beschluss einer Vergabekammer[20] offen gelassen hat, ob die Ausschreibungspflicht auch durch einen Bauauftrag ohne einklagbare Verpflichtung ausgelöst werden kann. Nach dem vom OLG Düsseldorf zu beurteilenden Sachverhalt sollte ein Projektentwicklungsunternehmen, das gewerbsmäßig auf dem Gebiet der Stadtentwicklung tätig ist, nach den Vorstellungen der Gemeinde ein Gemeindegebiet nach Maßgabe des bestehenden Bebauungsplans bebauen und selbst vermarkten, nachdem es das Grundstück von der Gemeinde erworben hat. Das OLG Düsseldorf stellte auf § 99 Abs. 3 GWB ab. Danach ist ein Bauauftrag ein Vertrag über die Ausführung oder die gleichzeitige Planung und Ausführung eines Bauwerks, das Ergebnis von Tief- oder Hochbauarbeiten ist. In dem zu beurteilenden Fall ließ das OLG Düsseldorf die Frage dahingestellt, ob der Begriff des Bauauftrags stets eine einklagbare Verpflichtung voraussetzt. Es hielt es für ausreichend, dass die Auftragnehmerin im fraglichen Fall mit einem käuflichen Erwerb der zu bebauenden Grundstücke eine einklagbare Bauverpflichtung eingehen sollte. Unerheblich sei auch der Umstand, dass die Antragsgegnerin sich bei der städtebaulichen Ordnung des Gemeindegebiets öffentlich-rechtlich betätige und ihre kommunale Planungshoheit ausübe. Denn aufgrund der Entscheidung des EuGH vom 18.11.2001[21] stehe fest, dass der als öffentlich-rechtlich einzuordnende städtebauliche Regelungszusammenhang den Vertrag nicht aus dem Anwendungsbereich des Vergaberechts hinausführe, zumal der öffentliche Auftrag nach der Rechtsprechung des EuGH[22] nicht der Erfüllung von im Allgemeininteresse liegenden Aufgaben dienen müsse. Ausschlaggebend sei nach der Entscheidung des EuGH,[23] dass sich der öffentliche Auftraggeber kraft einer mit dem künftigen Bauauftrag zu vereinbarenden Verpflichtung des Auftragnehmers die rechtliche Befugnis sichere, die Verfügbarkeit des Bauwerks für die von ihm angestrebte öffentliche Zweckbestimmung, im Streitfall für eine bestimmte wirtschaftliche, d. h. städtebauliche Funktion, zu gewährleisten. Wenn man überhaupt auf einen Beschaffungszweck abstellen wolle, dann sei dieser so zu verstehen, dass der Auftraggeber die Erfüllung einer bestimmten wirtschaftlichen, z. B. städtebaulichen oder raumordnenden Funktion durch den Abschluss des Bauauftrags rechtlich sichere. Andererseits sei aufgrund des Urteils des EuGH vom 11.5.2006[24] von Bedeutung, ob sich der

20 Vgl. OLG Düsseldorf, Beschluss vom 12.12.2007 – VII-Verg 30/07 –, Mitt. NWStGB 2008, 19.

21 EuGH, Urteil vom 18.11.2001, C-399/98, Tz. 65, 66 = NZBau 2001, 512 – Teatro alla Bicocca.

22 EuGH, Urteil vom 18.11.2004, C-126/03, Tz. 18 = NZBau 2005, 49 = EuZW 2005, 26 und Urteil vom 11.1.2005, C-26/03, Tz. 26, Slg. 2005, 1-1 – Stadt Halle.

23 Teatro alla Bicocca, Tz. 71.

24 EuGH, Urteil vom 11.5.2006, C-340/04 = EuZW 2006, 375.

(künftige) Auftragnehmer auf einem Markt betätige bzw. dort einen Auftrag erhalten solle, auf dem er mit einem anderen Unternehmen im Wettbewerb stehe. Darüber hinaus ergebe sich aus der 3. Variante des § 99 Abs. 3 GWB, wonach ein Bauauftrag auch ein Vertrag sein könne, wenn er sich „auf eine Bauleistung durch Dritte gemäß den vom Auftraggeber genannten Erfordernissen" beziehe, dass die Auftragsbeziehung zwischen Auftraggeber und Auftragnehmer im Fall der dritten Variante nicht als Bauauftrag ausgestaltet sein müsse. Nach der dritten Variante sei ausreichend, dass das Bauvorhaben, das im Ergebnis entstehen solle, von dem Auftraggeber kraft vertraglicher Vereinbarung mit dem Auftragnehmer so beeinflusst werde, dass es nach den von ihm genannten Erfordernissen errichtet werde. Insofern komme es nicht darauf an, in welchem Maße der Auftragnehmer Einfluss auf die Ausführung der Bauleistung genommen habe. Denn da die Herstellung des Bauwerks kein wesentlicher oder gar der Hauptzweck des Auftrags sein muss, ist im Übrigen unerheblich, ob vom Auftraggeber wesentliche oder nur nebensächliche Erfordernisse aufgestellt werden. Deshalb genüge auch, dass die Baumaßnahme nach von dem Auftraggeber gebilligten Plänen herzustellen sei. Das OLG Düsseldorf hat für die Zulassung einer Divergenzrevision keine Veranlassung gesehen, weil die divergierende Entscheidung des BayOblG vom 19.10.2000[25] durch Entscheidungen des EuGH vom 12.7.2001,[26] vom 18.11.2004[27] und vom 18.1.2007[28] überholt sei.

Dieses Urteil wirft die Frage auf, ob städtebauliche Verträge, bei denen die Gemeinde für den Investor Planungsrecht schafft, von dem die Höhe des Grundstückspreises abhängt, stets in die kritische Beurteilungszone des Vergaberechts geraten.

2. Rechtsprechung zur Aufgabenwahrnehmung im Rahmen interkommunaler Kooperation

Die interkommunale Kooperation ist durch die vergaberechtlichen Anforderungen ebenfalls unter veränderte Vorzeichen geraten. In diesem Bereich wirken sich die vergaberechtlichen Anforderungen auf die staatliche Organisationsstruktur und die handlungsstrategischen Reformrezepte aus. Nach der Rechtsprechung des EuGH fällt grundsätzlich nur die Aufgabenübertragung bei

25 BayOblG, Urteil vom 19.10.2000 – Verg 9/00 = NZBau 2002, 108.

26 EuGH, Urteil vom 12.7.2001, C-399/98 = NZBau 2001, 512 – Heizkraftwerk München.

27 EuGH, Urteil vom 18.11.2004, C-126/03 = NZBau 2005, 49 – Teatro alla Bicocca

28 EuGH, Urteil vom 18.1.2007, C-220/05 = NZBau 2007, 185 – Stadt Roanne.

sogenannten Inhouse-Geschäften nicht in den vergaberechtlichen Anwendungsbereich. Der EuGH hat insofern nicht nur durch seine Rechtsprechung für „Kursänderungen“ gesorgt, sondern auch durch leichte Trendverschiebungen in seiner Rechtsprechungslinie. So lässt sich in Anbetracht der eine Einzelfallbetrachtung erfordernden Abgrenzungskriterien, die der EuGH aufgestellt hat, kaum rechtssicher beurteilen, in welchen Fällen ein Inhouse-Geschäft vorliegt. Rechtsunsicherheiten wirken sich zwangsläufig auf die kommunale Praxis aus. Abgesehen davon bleibt zweifelhaft, ob die Rechtsprechung, die die Übertragung öffentlicher Aufgabenwahrnehmung im Rahmen der interkommunalen Zusammenarbeit weitgehend den vergaberechtlichen Beschränkungen unterwirft, nicht die staatliche Organisations- und Kompetenzstruktur zu weitgehend beschneidet. Denn das „Kooperieren der Kommunen“ ist wegen der aus dem Gemeinschaftsrecht herrührenden Konsequenzen Herausforderungen ausgesetzt, die den Weg der „Kooperation zwischen den Kommunen“ nicht unbeträchtlich erschweren. Ob diese Rechtsentwicklung sachgerecht ist, ist aus rechtspolitischer Sicht zu bezweifeln. Dabei muss nämlich der Zusammenhang mit den Anforderungen an eine funktionsfähige kommunale Selbstverwaltung und eine nachhaltige kommunale Finanzpolitik gesehen werden. Im Lichte einer nachhaltigen kommunalen Finanzpolitik ist der Alleingang der Kommunen in Eigenverantwortlichkeit bei der Wahrnehmung kommunaler Aufgaben angesichts bedrohlicher Veränderungen der Rahmenbedingungen für die kommunale Selbstverwaltung in vielen Bereichen kein gangbarer Weg (mehr). Das lokale Handeln, gleichsam gesichert durch Stadtmauern, entspricht nicht mehr den komplexen, von Entörtlichung geprägten Aufgaben der Kommunen im 21. Jahrhundert. So wie sich die Wirtschaftsunternehmen zu Unternehmensclustern zusammenschließen, müssen auch die Kommunen sich zur Sicherstellung einer ordnungsgemäßen Aufgabenerfüllung in Anbetracht ihrer Finanzverantwortung interkommunal vernetzen, um die noch verbliebenen Handlungs- und Gestaltungspotentiale optimieren zu können und ihrer intergenerationellen Verantwortung gerecht werden zu können. Warum es notwendig ist, dass Kommunen bei der Erfüllung ihrer Aufgaben interkommunal kooperieren, in welchen Feldern der kommunalen Aufgabenerfüllung ein „Umdenken“ geboten ist, ob und inwieweit interkommunale Kooperation ein staatlicher Steuerungsgegenstand sein kann, sind aktuelle Fragen, in deren Beantwortung ein „Schlüssel“ auf dem Weg zu nachhaltiger kommunaler Finanzpolitik für eine intergenerative Gerechtigkeit gefunden werden kann. Das Gebot zur interkommunalen Kooperation ist vor dem Hintergrund finanzieller kommunaler Engpässe und des demographischen Wandels nicht nur eine strategische Antwort auf gewandelte Herausforderungen für die kommunale Aufgabenwahrnehmung, sondern lässt sich auch als rechtliche Anforderung zur Gewährleistung der Funktionsfähigkeit der kommunalen Selbstverwaltung im bundesstaatlichen Gefüge verfassungsrechtlich fundieren.

Abgesehen von diesen rechtspolitischen Bedenken gegenüber der vergaberechtlichen „Einschnürung" interkommunaler Zusammenarbeit haben die nach der neueren Rechtsprechung bestehenden Rechtsunsicherheiten bei der Abgrenzung von vergaberechtspflichtigen Rechtsvorgängen und von Inhouse-Geschäften in der Literatur auch eine kritische Resonanz ausgelöst. So hat sich Siegel[29] mit der Rechtsprechung zu Inhouse-Geschäften mit der Frage befasst: „Wie rechtssicher sind Inhouse-Geschäfte?" Hattig/Ruhland[30] haben die Problematik in die Überschrift ihres Aufsatzes zum Thema „Kooperationen zwischen Kommunen und öffentlichen oder privaten Partnern im Visier des Vergaberechts" gebracht. Pietzcker[31] hat sich kritisch mit den Grenzen des Vergaberechts befasst und in Bezug auf die interkommunale Zusammenarbeit auf die prinzipielle Wahlfreiheit der öffentlichen Verwaltung zwischen Eigenerledigung und Beschaffung abgestellt.

Ausgehend von den Urteilen des EuGH und den sich daran anschließenden Entscheidungen verschiedener Oberlandesgerichte ergibt sich in Bezug auf die Unterscheidung vergaberechtspflichtiger und -freier Geschäfte in der Tat eine differenzierte Abgrenzungslinie, mit der für die kommunale Praxis in Anbetracht der Komplexität der Kooperationsstrukturen Abgrenzungsschwierigkeiten verbunden sind. So hat der EuGH in seinem Urteil vom 18.11.1999[32] entschieden, dass das gemeinschaftsrechtliche Vergaberecht auch anwendbar ist, wenn ein öffentlicher Auftraggeber wie etwa eine Gebietskörperschaft beabsichtigt, einen schriftlichen entgeltlichen Vertrag über die Lieferung von Waren mit einer Einrichtung zu schließen, die sich formal von ihm unterscheidet und die ihm gegenüber eigene Entscheidungsgewalt besitzt. Nicht der Fall sei dies, wenn die Gebietskörperschaft über die rechtlich von ihr verschiedene Person eine Kontrolle ausübe wie über ihre eigenen Dienststellen und wenn diese Person ihre Tätigkeit im wesentlichen für die Gebietskörperschaft oder die Gebietskörperschaften verrichtet, die ihre Anteile innehaben. Zu den Fällen einer Inhouse-Vergabe rechnet der EuGH in der Entscheidung „Teckal" alle Fallgestaltungen, bei denen ein öffentlicher Aufgabenträger im allgemeinen Interesse liegende Auf-

29 Vgl. Siegel, NVwZ 2008, Heft 7, 7 ff.

30 Vgl. ThürVBl. 4/2007, 73 ff.

31 Vgl. Pietzcker, Grenzen des Vergaberechts, NVwZ 2007, 1225 ff.

32 Vgl. EuGH, C-107/98 = EuZW 2000, 246 ff – Teckal, Slg. 1999 I-8121 Rn. 50 und 51.

gaben mit seinen eigenen administrativen, technischen und sonstigen Mitteln erfüllt, und grundsätzlich auch die Eigengesellschaften („die 100 %-Töchter"). Anders ist dies bei gemischt-wirtschaftlichen Unternehmen, also dann, wenn überhaupt ein privates Unternehmen zu irgendeinem Prozentanteil beteiligt ist. Der EuGH[33] hat dies in der Entscheidung „Stadt Halle" damit begründet, dass der öffentliche Auftraggeber in einem solchen Fall eine ähnliche Kontrolle wie über seine eigenen Dienststellen nicht ausüben könne. Abgesehen davon sah er darin auch eine Wettbewerbsverfälschung, weil die Vergaberechtsfreiheit dem am Kapital des gemischt-wirtschaftlichen Unternehmens beteiligten privaten Unternehmen einen Vorteil gegenüber seinen Konkurrenten verschaffen würde. In der Entscheidung „Parking Brixen" erklärte der EuGH[34] die Vergaberechtsfreiheit von „Inhouse-Geschäften" zu einer Ausnahme von den allgemeinen Vorschriften des Gemeinschaftsrechts. Deshalb seien die Voraussetzungen eng auszulegen. Die Beweislast für das Vorliegen der außergewöhnlichen Umstände treffe denjenigen, der sich auf sie berufen wolle. Umstände, die eine Kontrolle durch die Gemeinde schwierig machten, wie die Umwandlung eines Eigenbetriebs der Gemeinde in eine Aktiengesellschaft, die Ausweitung des Gesellschaftszwecks auf andere Gegenstände, die Ankündigung der baldigen Öffnung der Gesellschaft für Fremdkapital, die Ausweitung des räumlichen Tätigkeitsbereichs der Gesellschaft oder die Zuweisung von Kontrollbefugnissen an Gesellschaftsorgane könnten der Annahme eines „Inhouse-Geschäftes" entgegenstehen. Für die Annahme des Vorliegens solcher Umstände genüge es, wenn zu erkennen sei, dass eine Kapitalbeteiligung Privater während der Laufzeit des abzuschließenden Vertrags beabsichtigt sei (so der EuGH in der „ANAV-Entscheidung"[35]). Ein Inhouse-Geschäft kann zwar nach der Rechtsprechung des EuGH auch gegeben sein, wenn die Anteile an einem Unternehmen nicht nur von einer einzigen Körperschaft gehalten werden, sondern auch dann, wenn sie von mehreren Körperschaften gehalten werden, jedoch betont der EuGH, dass bezüglich der Beurteilung der Frage, ob der öffentliche Auftraggeber eine Kontrolle wie über seine eigene Dienststellen ausübt, alle Rechtsvorschriften und maßgebenden Umstände zu berücksichtigen seien. Diese Prüfung müsse zu dem Ergebnis führen, dass der öffentliche Auftraggeber auf die wichtigen Entscheidungen dieser Gesellschaft ausschlaggebenden Einfluss ausüben kann. Werde die Kont-

33 EuGH, Urteil vom 11.1.2005, C-26/03 = ZfBR 2005, 293 ff – Stadt Halle; auf dieser Linie auch EuGH, Urteil vom 10.11.2005, C-29/04 = NZBau 2005, 704 ff – Stadt Mödling.

34 EuGH, Urteil vom 13.10.2005, C-458/03 = ZfBR 2006, 75 ff – Parking Brixen.

35 EuGH, Urteil vom 6.4.2006, C-410/04 = ZfBR 2006, 494 ff – ANAV.

rolle von einem „Mittler" ausgeübt (Holdinggesellschaft oder Verwaltungs- oder Aufsichtsrat) könne dies die Kontrolle so schwächen, dass man nicht zu dem Ergebnis gelangen könne, dass der öffentliche Auftraggeber über die Gesellschaft, an die der fragliche öffentliche Auftrag vergeben wurde, eine Kontrolle wie über seine eigenen Dienststellen ausübe (so der EuGH in der Entscheidung „Cabotermo"[36]).

Dementsprechend haben die nationale Gerichte in gefestigter Rechtsprechung diese Maßstäbe zur Beurteilung verschiedener Fallgestaltungen herangezogen: die Rekommunalisierung der städtischen Müllabfuhr durch Übertragung auf eine städtische GmbH,[37] die Vergabe eines Auftrags zur Papierverwertung durch einen öffentlichen Auftraggeber,[38] die Beauftragung einer Nachbarkommune mit der Durchführung der Altpapiersammlung und -beförderung[39] und die Gründung eines kommunalen Zweckverbands.[40]

Die Rekommunalisierung der städtischen Müllabfuhr durch Übertragung auf eine städtische GmbH wurde nach diesen Maßstäben als vergabefrei eingestuft, weil der öffentliche Auftraggeber eine GmbH mit Dienstleistungen betraut hat, die sich in seinem alleinigen Anteilsbesitz befand, er über diese eine Kontrolle wie über eine eigene Dienststelle ausübte und weil die beauftragte GmbH ihre Tätigkeit im Wesentlichen für diesen öffentlichen Auftraggeber verrichtet. Soweit der kreiseigenen Gesellschaft dagegen mit der Vergabe des Auftrags der Papierverwertung eine Aufgabe in der Weise übertragen wurde, dass ihr bisheriges Leistungsspektrum erheblich erweitert wurde, wurde die Anwendbarkeit des Vergaberegimes bejaht. Dies lag vor allem daran, dass sie ihre geschäftliche Tätigkeit nicht nahezu ausschließlich für den öffentlichen Auftraggeber als Anteilseigner erbrachte, sondern immerhin 30 % ihres Umsatzes aus umsatzsteuerpflichtigen Geschäften mit Dritten erzielte. Im Fall der Beauftragung einer Nachbarkommune wurde die Anwendbarkeit des Vergaberegimes damit begründet, dass auch das Handeln eines Hoheitsträgers dasjenige eines „Unternehmens" und daher an den Vergaberechtsvorschriften des GWB zu messen ist, wenn der Hoheitsträger den ihm durch das öffentliche Recht zugewiesenen Aufgabenbereich verlässt und sich funktional und gewerbsmäßig wie ein Marktteilnehmer verhält. Die Aufgabenwahrnehmung durch einen Zweckverband, auf den die

36 ZfBR 2006, 496 ff.

37 Vgl. OLG Düsseldorf, Beschluss vom 15.10.2003 – Verg 50/03 VII-Verg = NZBau 2004, 58 ff.

38 Vgl. OLG Düsseldorf, Beschluss vom 12.1.2004 – Verg 71/03 = NZBau 2004, 343 ff.

39 Vgl. OLG Düsseldorf, Beschluss vom 5.5.2004 – Verg 78/03 = ZfBR 2004, 591 ff.

40 Vgl. OLG Düsseldorf, Beschluss vom 21.6.2006 – Verg 17/06 = NZBau 2006, 662 ff.

öffentlich-rechtliche Zuständigkeit zur Aufgabenerfüllung verlagert worden ist, wurde hingegen als vergaberechtsfrei angesehen, weil die Vorschriften über die Gründung von Zweckverbänden dem Verwaltungsorganisationsrecht zugerechnet wurden. Daraus hat sich die Unterscheidung zwischen sogenannten mandatierenden Verwaltungsvereinbarungen, auf die das Vergaberecht anzuwenden ist, und sogenannten delegierenden Verwaltungsverträgen, auf die das Vergaberecht grundsätzlich nicht anzuwenden ist, entwickelt. Allerdings sind zwischenzeitlich auch einzelne Entscheidungen in der Rechtsprechung und Stimmen in der Literatur laut geworden, welche die Auffassung kritisieren, wonach die Gründung eines Zweckverbands oder delegierende Verwaltungsverträge dem Vergaberechtsregime generell nicht unterworfen seien.[41] Wegen der restriktiven Rechtsprechung des EuGH zu sogenannten „Inhouse-Geschäften“ ist allgemein auch in diesem Bereich eine Tendenz zur Ausdehnung des Vergaberegimes feststellbar.

III. Spannungsverhältnis zwischen den vergaberechtlichen Zielsetzungen und den staatlichen und kommunalen Aufgabenwahrnehmungs- und Organisationsinteressen

Zwar hat der EuGH immer wieder betont, dass die Mitgliedstaaten sich nicht darauf stützen können, dass sie die innerstaatlichen Strukturen an der Umsetzung des Gemeinschaftsrechts hinderten, aber es ist eine andere Frage, ob es nicht auch ein Belang des Gemeinschaftsrechts ist, dass die mitgliedstaatlichen Verwaltungs- und Organisationsstrukturen effizient, leistungs- und funktionsfähig bleiben. Deshalb ist durchaus zu fragen, ob und inwieweit der verfahrensmäßigen Stringenz und der Strenge des Vergaberechts, die sich aus reinen Wettbewerbs- und Binnenmarktaspekten heraus entwickelt hat, nicht auch materielle Schranken gesetzt sind. Denn die mit der Ausdehnung des Anwendungsbereichs des Vergaberechts verbundene Erhöhung des Sach- und Personalaufwands sowie die verbleibende Rechtsunsicherheit im Umgang mit den vergaberechtlichen Anforderungen durchkreuzen in gewissem Maße die politischen Reformrezepturen, die auf eine Privatisierung öffentlicher Aufgaben, die staatliche Förderung der öffentlichen und privaten Partnerschaften (ÖPP bzw. PPP) und die Steuerung der interkommunalen Zusammenarbeit ausgerichtet sind, indem sie die Rekommu-

41 Vgl. dazu mit weiteren Nachweisen Hattig/Ruhland, Kooperationen zwischen Kommunen und öffentlichen oder privaten Partnern im Visier des Vergaberechts, ThürVBl. 2007/4, 73 ff. (75 f.)

nalisierung und die Aufgabenwahrnehmung durch Eigen- und Regiebetriebe sowie durch wie eine eigene Dienststelle geführte Eigengesellschaften fördern. Die notwendige marktmäßige Flexibilität gerät in Widerspruch zur Sicherung der wettbewerbsrechtlich gebotenen Gleichbehandlung. Angesichts eines beträchtlichen Verfahrensaufwands führt die Formalisierung nicht immer zur günstigen Verwendung der verfügbaren öffentlichen Mittel.[42] Für kleine Kommunen ist mit der rechtlichen Formalisierung, den vergaberechtlichen Differenzierungsanforderungen und der Komplexität eine Überforderung verbunden. Kleine und mittlere Unternehmen werden durch die hohen Formalisierungshürden ebenfalls im Vergleich mit großen Unternehmen benachteiligt. Dazu kommt, dass durch die Straffung des gemeinschaftsrechtlichen vergaberechtlichen Kontrollsystems Wettbewerbsverzerrungen zum Nachteil der Mitgliedstaaten entstehen, die im Unterschwellenbereich ebenfalls eine strenge verfahrensmäßige Formalisierung aufrechterhalten. Es entsteht ein Wettbewerb um das besser ausgestaltete öffentliche Vergabewesen im Unterschwellenbereich. Gleichzeitig wird der Grundsatz der Gleichbehandlung öffentlicher und privater Unternehmen im Gemeinschaftsrecht zu Lasten der öffentlichen Unternehmen verschoben. Denn anders als die öffentlichen Aufgabenträger, zu denen auch öffentliche Unternehmen gehören, sind private Unternehmen nur dann, wenn sie selbst als öffentliche Aufgabenträger im Sinne von § 98 GWB zu qualifizieren sind, den vergaberechtlichen Anforderungen unterworfen.

Die gemeinschaftsrechtlichen Anforderungen an die Vergabe öffentlicher Aufträge haben im Städtebaurecht einen Stand erreicht, mit dem kleine Kommunen angesichts der damit verbundenen Herausforderungen kaum mehr umgehen können und auch der rechtspolitisch erhoffte Gewinn an Handlungsfähigkeit der Kommunen durch interkommunale Kooperation oder durch ÖPP gefährdet werden könnte. Deshalb sollten in rechtspolitischer Hinsicht auf europäischer Ebene und auch im Rahmen der Rechtsanwendung Überlegungen angestellt werden, wie das Vergabewesen entbürokratisiert und vereinfacht werden kann, wie die Überdifferenzierung beseitigt und wie die Abgrenzung vergaberechtsfreier von ausschreibungspflichtigen Vorgängen klarer geregelt werden kann. Außerdem sollte erwogen werden, ob und ggf. wie die öffentliche Auftragsvergabe im Bereich der kommunalen Selbstverwaltungsangelegenheiten, also in dem rein örtlichen Wirkungskreis, im Interesse der Bewahrung der kommunalen Gestaltungsspielräume und auch der „Handlungsfreudigkeit“ entformalisiert werden kann.

---

42 Kritisch dazu ebenfalls Pietzcker, Grenzen des Vergaberechts, NVwZ 2007, 1225 ff.

IV. Ansätze zur Auflösung des Spannungsverhältnisses

1. „Offene Flanken" der vergaberechtlichen Rechtsprechung

Das Vergaberecht ist in der Gefahr auszuufern, weil es Aufträge jeglicher Art erfasst, unabhängig davon, ob eine öffentliche Aufgabe wahrgenommen wird. Denn es soll genügen, dass der öffentliche Auftraggeber überhaupt Aufträge vergibt; und zwar unabhängig davon, ob damit eine rechtliche Verpflichtung zur Erbringung einer Bauleistung, Liefer- oder Dienstleistung verbunden ist. Offene Flanken, die die vergaberechtlich relevanten Konturen verschwimmen lassen, zeigen sich bei der Rechtsprechung zur öffentlichen Auftragsvergabe im Städtebaurecht bezüglich der Investorenauswahl in folgenden Punkten:

a. der Zuordnung von Verträgen zu öffentlichen Aufträgen unabhängig davon, ob die übergeordnete Prämisse des Vergabewesens, dass ein Beschaffungsbedarf gedeckt wird (§ 97 Abs. 1 GWB), erfüllt ist;
b. der Bejahung eines Bauauftrags oder einer Baukonzession ohne spezifischen Bezug zur Herstellung bzw. Nutzung eines Bauwerks, allein gestützt auf die planerische Nutzungssteuerung;
c. der Ablösung des Zusammenhangs bei der Baukonzession zwischen der Gegenleistung für die Bauleistung und dem Recht zur Nutzung des Bauwerks und
d. der unzureichenden Differenzierung zwischen bauwerksbezogenen vertraglichen Regelungen und planvorbereitenden, nutzungssteuernden sowie plansichernden Regelungen.

Würde die Anwendung des Vergaberechts, wie es nach diesseitiger Auffassung geboten ist,[43] auf Aufträge beschränkt, die der Erfüllung einer im Allgemeininteresse liegenden Aufgabe oder die der Befriedigung von Beschaffungszwecken dienen sollen, könnte dies die Abgrenzungsschwierigkeiten reduzieren. Denn so fallen grundsätzlich auch städtebauliche Verträge zwischen Grundstückseigentümern und Gemeinden in den Anwendungsbereich des Vergaberechts, die im Schwerpunkt allein der Verwirklichung privater Eigentümerzwecke dienen. Ob und inwieweit die Rechtsprechung Verträge über Bauwerke, die nur einem diese selbst nutzenden Bauherrn zu dienen bestimmt sind, die aber gleichzeitig Ge-

43 So wohl nunmehr auch VK Brandenburg (BeckRS 2008 05519) für atypische und typengemischte Verträge mit Hinweis auf den Beschluss des BGH, Beschluss vom 1.2.2005 – X ZB 27/04.

genstand eines städtebaulichen Planungskonzepts sind, aus dem Anwendungsbereich des Vergaberechts ausnehmen, ist unklar. Die Vergabekammer Münster (vgl. Beschluss vom 26.9.2007)[44] geht sogar davon aus, dass das Vorliegen von Konzeptionsplänen bei der Errichtung eines Einkaufszentrums bei der Anwendung des § 34 Abs. 1 BauGB ausreiche und die Ausschreibungspflicht auslösen könne. Insofern kommen jedoch die Grenzen des Vergaberechts zum Tragen. Denn dieses kann seine Steuerungswirkung nur dort entfalten, wo für einen öffentlichen Auftrag ein Markt gegeben ist, nicht aber, wo die Vergabe eines Bauauftrags ausschließlich in die Dispositionsfreiheit des Grundeigentümers fällt, weil dieses Bauwerk keiner öffentlichen, sondern ausschließlich seiner privaten Zweckbestimmung und Verfügbarkeit zu dienen bestimmt ist. Die Ausschreibungspflicht kommt meiner Ansicht nach auch nicht zum Tragen, wo die Gemeinde lediglich gesetzlich geregelte Zulässigkeitsvoraussetzungen zu prüfen hat, wie bei der Erteilung des gemeindlichen Einvernehmens unter Anwendung des § 34 Abs. 1 BauGB. Denn hierbei handelt es sich um eine gebundene Entscheidung im Sinne eines gesetzlichen Konditionalprogramms, bei der die Gemeinde – anders als die Vergabekammer Münster meint – keine Spielräume hat, bauwerksbezogene Erfordernisse im Sinne von § 99 Abs. 3 GWB festzulegen. Hinsichtlich städtebaulicher Verträge (gleichgültig, ob dies privat- (z. B. Pacht- oder Erbbaurechtsverträge) oder öffentlich-rechtliche Verträge sind), ist im Hinblick auf die Voraussetzungen des § 99 Abs. 3 GWB (den vom Auftraggeber genannten Erfordernissen) zwischen Verträgen zu unterscheiden, durch die die Voraussetzungen für eine abwägungsgerechte Bauleitplanung erst geschaffen oder die Planung vorbereitet werden und bei denen sich die Befugnis der Gemeinde, Erfordernisse aufzustellen, nur auf die Nutzungssteuerung bzw. die Sicherung des Nutzungszwecks beschränkt, und Verträgen, die Anforderungen hinsichtlich der Gestaltung eines noch zu erstellenden Bauwerks und die in dem Bauwerk zu erfüllenden Dienstleistungen enthalten. Liegt ein „Konzept zur Nutzung des Standortes“ vor, so weist dieses den für das Vergaberecht erforderlichen Bauwerks- oder Baumaßnahmebezug nicht auf,[45] wenn sich das Nutzungskonzept lediglich wie bei der Steuerung der städtebaulichen Nutzung auf die Art, das Maß, die Bauweise, die überbaubaren Grundstücksflächen und die öffentlichen Verkehrsflächen bezieht. Denn dies ist Gegenstand der inhaltsbestimmenden Ausgestaltung des Eigentumsrechts. Ein städtebaulicher Vertrag, durch den lediglich ein abwägungsgerechtes Planungsergebnis ermöglicht wird,

44 Vgl. VK Münster, Beschluss vom 26.9.2007 – VK 17/07 = NZBau 2008, 208 = BeckRS 2007, 16147.

45 So wohl auch OLG Bremen, Beschluss vom 13.3.2008 – Verg 51/07 = BeckRS 2008 05746.

ist kein Bauauftrag. Verpflichtet z. B. eine Gemeinde einen Grundstückseigentümer dazu, zur Wahrung eines angemessenen Lärmschutzes zuerst einen geschlossenen Bauwerksriegel herzustellen, um mit diesem sicherzustellen, dass in dem restlichen Baugebiet die Lärmwerte eingehalten werden können, so werden damit zwar ebenfalls städtebauliche Erfordernisse geregelt, aber keine, die unter vergaberechtlichen Gesichtspunkten relevant sind. Denn es geht dabei nicht darum, dem Grundstückseigentümer als Unternehmer einen Auftrag zu erteilen, sondern darum, städtebauliche Erfordernisse einer pflichtgemäßen Nutzungssteuerung sicher zu stellen. Dies kann auch nicht anders beurteilt werden, wenn der Vorhabenträger in dem genannten Fall das Grundstück erst nach dem Abschluss des städtebaulichen Vertrags erworben hat.

Wenn man der Auffassung folgt, dass eine rechtsverbindliche Bau- oder Realisierungsverpflichtung für die Annahme eines öffentlichen Bauauftrags nicht vorliegen muss, und wenn man weiter der Auffassung folgt, dass es nach § 99 Abs. 3 GWB ausreicht, dass Dritte eine Bauleistung erbringen, gleichgültig mit welchen Mitteln und es lediglich darauf ankommt, dass diese nach den vom Auftraggeber genannten Erfordernissen erfüllt werden sollen, so wäre jeder Durchführungsvertrag im Sinne des § 12 BauGB ein dem Vergaberecht unterworfener öffentlicher Auftrag.[46] Dies wird der Sachlage jedoch nicht gerecht. Denn oftmals ist es ein privater Eigentümer, der auf seinem Grundstück ein Vorhaben nach seinen Vorstellungen realisieren möchte und der die Gemeinde dafür gewinnen möchte. Auch wenn die Gemeinde die Nutzungsvorstellungen des Eigentümers billigt, ist doch nur er derjenige, der diesen Plan auf seinem Grundstück realisieren kann. Der vorhabenbezogene Bebauungsplan macht dafür den Weg frei. Würde der Eigentümer davon Abstand nehmen, könnte die Gemeinde in der Regel nichts dagegen tun, weil sie ihn deshalb kaum würde enteignen können. Dies sind Fälle, in denen der Grundstückseigentümer z. B. eine Nachverdichtung durch Erhöhung des Maßes der baulichen Nutzung oder zur besseren wirtschaftlichen Ausnutzung seines Eigentums eine andere Nutzungsart auf seinem Grundstück realisieren möchte. Man wird es in einem sol-

46 Soweit Ziekow, DVBl. 2008, 137 (143), zur Schlussfolgerung gelangt, dass es sich beim Durchführungsvertrag nahezu ausnahmslos um die Erbringung einer Bauleistung gemäß den Erfordernissen des Auftraggebers handelt, verschiebt er die Grenze der Vergaberechtspflichtigkeit städtebaulicher Verträge weitgehend zu Lasten der Kommunen, obwohl er in seiner Abhandlung zuvor zutreffend die Abgrenzungskriterien herausgearbeitet hat. Denn viele Durchführungsverträge versetzen die Gemeinde nicht in die Rolle eines Bauherrn, beschränken sich vielmehr auf die Sicherung der planerischen Nutzungsfestlegung. Ebenso Reidt, BauR 2007, 1671: der Vertragspartner der Gemeinde errichte die bauliche Anlage nicht für diese, sondern für sich selbst. Er realisiere damit das aus seinem Eigentumsrecht abgeleitete grundstücksbezogene Nutzungsrecht.

chen Fall dem Eigentümer überlassen müssen, welchen Unternehmer er für die Verwirklichung des Bauvorhabens auswählt. Dies wird man nicht anders beurteilen können, als wenn ein privates Unternehmen sein Betriebsgebäude auf der Basis eines vorhabenbezogenen Bebauungsplans erweitern möchte, weil er den bisher zulässigen Nutzungsrahmen überschreiten möchte. Dies wird auch nicht dadurch anders, dass es auch im Interesse der Gemeinde liegt, dass der Unternehmer auf seinem Grundstück eine Betriebserweiterung vornimmt.

Fraglich ist auch, ob die Sachlage anders zu beurteilen ist, wenn der Investor im Vertrauen darauf, dass die Gemeinde ihm eine bestimmte Nutzungsmöglichkeit einräumt, zunächst das Grundstück erwirbt und dann, was häufig geschieht, vor Abschluss des Planungsverfahrens mit der Gemeinden den städtebaulichen Vertrag abschließt. Die Schwierigkeit der Rechtsprechung liegt darin, dass kaum festzustellen sein wird, ob die Gemeinde nach den Vorstellungen des Investors oder umgekehrt der Investor nach den Vorstellungen der Gemeinde geplant hat. Denn wenn er Grundstückseigentümer ist und hinterher seine bauwerksbezogenen Gestaltungsoptionen optimiert, indem er die Gemeinde dazu bringt, ihm entsprechende grundstücksbezogene Möglichkeiten in Bezug auf die Art und das Maß der baulichen Nutzung des Grundstücks zu eröffnen, dürfte darin wohl kaum ein öffentlicher Auftrag liegen. Dies ist Nutzungsoptimierung und Ausnutzung des privaten Eigentums. Es ist überdies aber auch zweifelhaft, ob städtebauliche Verträge im Vorfeld des Eigentumserwerbs den Tatbestand eines öffentlichen Auftrags auslösen können, wenn ihr Zweck lediglich darin besteht, die Realisierung der Idee des Investors zu ermöglichen und dieser die Entscheidung des Eigentumserwerbs für sich davon abhängig macht, ob er die mit dem Eigentum verknüpften Nutzungsmöglichkeiten auf dem Grundstück realisieren kann. Dies ist zu verneinen. Denn ein öffentlicher Auftrag setzt voraus, dass ein öffentlicher Auftraggeber „etwas" zu vergeben bzw. zu beauftragen hat, über das er kraft seiner Aufgabe disponieren kann, was auch für andere Wettbewerber von Interesse sein könnte. Dies wiederum setzt voraus, dass er es in der Hand hat, die konkrete Grundstücksnutzung und die entsprechende Bebauung prinzipiell für jeden Wettbewerber verfügbar zu machen. Wenn aber aufgrund der zivilrechtlichen Eigentums- bzw. Sachherrschaftsverhältnisse nur ein bestimmter Investor als Bauherr in Frage kommt, liegt kein Fall der Vergabe eines öffentlichen Auftrags vor. Bei städtebaulichen Verträgen ist dies aufgrund der zivilrechtlichen Eigentums- und Besitzverhältnisse häufig so. In vielen Fällen dürfte dies aber auch nicht anders zu beurteilen sein, wenn der Bund, das Land, die Stadt bzw. die Gemeinde der Grundstückseigentümer ist. Denn vielfach besteht kein Unterschied zu den Fällen, in denen der Investor selbst oder ein verkaufsbereiter Privater Grundstückseigentümer ist. Denn wenn die Stadt oder die Gemeinde dem Antrag des Investors stattgibt, ein Bebauungsplanverfahren einzuleiten, um dessen Planungsvorstellungen zu realisieren, liegt kein öffentlicher Auftrag vor.

2. Das Vorliegen eines Beschaffungsvorgangs als übergeordnete Voraussetzung

Zu den Prämissen des Vergaberechts gehört es, dass es sich bei dem vergaberechtspflichtigen Rechtsgeschäft um einen Vorgang handeln muss, bei dem sich der öffentliche Auftraggeber in Gestalt synallagmatischer Austauschverträge Waren und/oder Bau- und/oder Dienstleistungen beschafft. So hat die 2. Vergabekammer des Landes Hessen jüngst in einem Beschluss vom 5.3.2008[47] unterstrichen, dass die Erforderlichkeit eines Beschaffungsvorgangs dem Vergaberecht immanent sei.[48] In dem fraglichen Fall hatte die Stadt auf den Abschluss eines städtebaulichen Vertrags verzichtet, sich stattdessen im Kaufvertrag ein Rücktrittsrecht für den Fall einräumen lassen, dass die Beigeladene keine Bauvoranfragen/Bauanträge einreicht und in der mündlichen Verhandlung im Nachprüfungsverfahren den Verzicht auf ihr Rücktrittsrecht erklärt. Die Vergabekammer sah darin weder einen öffentlichen Bauauftrag noch eine Baukonzession. Die Stadt habe auch keine Möglichkeit, eine von ihren Vorstellungen abweichende, aber gleichwohl mit dem Bebauungsplan vereinbare Bebauung des zu veräußernden Grundstücks zu verhindern. Unabhängig von der Beurteilung des konkreten Einzelfalls ist zutreffend, dass ausschlaggebend für die Anwendung des Vergaberechts das Vorliegen eines Beschaffungsvorgangs in Gestalt einer übergeordneten Voraussetzung ist.

Was ein öffentlicher Auftrag ist, beschreibt der zehnte Erwägungsgrund der Koordinierungsrichtlinie nämlich wie folgt. Danach gilt ein öffentlicher Auftrag als öffentlicher Bauauftrag, wenn er speziell die Ausführung der in Anhang I genannten Tätigkeiten zum Gegenstand hat, oder wenn er sich auf andere Leistungen erstreckt, die für die Ausführung dieser Tätigkeiten erforderlich sind. Dort sind vorhabenbezogene gewerbliche Tätigkeit des Hoch- und Tiefbaus und der verschiedenen Baugewerbe aufgeführt. Erfasst wird auch die Planung und Ausführung des Bauvorhabens, nicht aber die städtebauliche Planung! Im

47 2. VK Hessen, Beschluss vom 5.3.2008 – 69d-VK-06/2008.

48 Von der für die Anwendung des Vergaberechts prägenden Voraussetzung, wonach dafür ein Beschaffungsvorgang der öffentlichen Hand vorliegen muss, geht offenbar auch das BVerfG in seinem Beschluss vom 13.6.2006 – 1 BvR 1160/03 aus; vgl. BVerfGE = NJW 2006, 3701 ff.

24. Erwägungsgrund dieser Richtlinie heißt es zu Dienstleistungsaufträgen: „Dienstleistungsaufträge, die den Erwerb oder die Miete von unbeweglichem Vermögen oder Rechten daran betreffen, weisen Merkmale auf, die die Anwendung von Vorschriften über die Vergaben von öffentlichen Aufträgen unangemessen erscheinen lassen." Unter Titel I Art. 1 sind öffentliche Aufträge als zwischen einem oder mehreren Wirtschaftsteilnehmern und einem oder mehreren öffentlichen Auftraggebern geschlossene entgeltliche Verträge über die Ausführung von Bauleistungen, die Lieferung von Waren oder die Erbringung von Dienstleistungen im Sinne dieser Richtlinie definiert. Öffentliche Bauaufträge beziehen sich nach der Definition des Art. 1 Abs. 2 b) auf „die Planung und Ausführung von Bauvorhaben im Zusammenhang mit einer der in Anhang I genannten Tätigkeiten oder eines Bauwerks oder die Erbringung einer Bauleistung durch Dritte." Ein „Bauwerk" in diesem Sinne wird als „Ergebnis einer Gesamtheit von Tief- und Hochbauarbeiten" definiert. Öffentliche Lieferaufträge beziehen sich gemäß Titel I Art. 1 c) auf „den Kauf, das Leasing, die Miete, die Pacht oder den Ratenkauf, mit oder ohne Kaufoption, von Waren." Darunter fallen also weder die staatlichen und kommunalen räumlichen Planungen, die im Vorfeld die Art und Weise der Nutzungsmöglichkeiten von Grund und Boden festlegen, noch der Kauf, die Miete oder die Pacht von Immobilien. Als öffentliche Dienstleistungsaufträge werden gemäß Titel I Art. 1 c) Aufträge beschrieben, die die Erbringung von Dienstleistungen im Sinne von Anhang II, die keine öffentlichen Bau- oder Lieferaufträge sind, zum Gegenstand haben. Welche Dienstleistungen darunter fallen, erläutert Anhang II. Darunter fallen neben einer Anzahl sonstiger Dienstleistungen auch die Architektur, die Stadt- und Landschaftsplanung sowie zugehörige wissenschaftliche und technische Beratung. Immer aber liegt diesen Vorgängen der öffentlichen Auftragsvergabe eine „Beschaffung am Markt" zugrunde.

3. Grundstücksbezogene Nutzungssteuerung durch städtebauliche oder raumordnerische Verträge – grundsätzlich kein Bauauftrag!

Viele städtebauliche oder raumordnerischen Verträge erfüllen schon deshalb nicht die Voraussetzungen eines öffentlichen Bauauftrags, weil mit ihnen nur abwägungsrelevante Vorfragen zur Realisierung von staatlichen Planungen geklärt werden, ohne dass damit irgendeine Leistungsbeschaffung am Markt begründet wird. Dies ist z. B. bei städtebaulichen Rahmenverträgen der Fall, in denen abgestimmt wird, welche Maßnahmen durchzuführen sind, damit eine vorhandene private Schuleinrichtung oder eine Produktionsstätte in der Gemeinde erhalten werden kann, und welche organisatorischen und finanziellen Vorkehrungen dafür geschaffen werden müssen. Damit wird weder ein öffentliche Bauauftrag, noch ein Liefer-, noch ein Dienstleistungsauftrag erteilt. Das gleiche gilt in der Regel auch für raumordnerische Verträge, und zwar auch dann, wenn auf deren Basis eine Kooperationsplattform zur Realisierung von raumbedeutsamen Großprojekten hergestellt oder planerische Vorentscheidungen im Hinblick auf die Erfüllung einer raumstrukturelle Entwicklungs- oder Ordnungsaufgabe getroffen werden. Denn in der Regel beschränken sich solche Verträge auf planvorbereitende Regelungen zwischen verschiedenen staatlichen Aufgabenträgern innerhalb des hierarchisch strukturierten Planungssystems, ohne dass dabei eine Aufgabenübertragung stattfindet.

Städtebauliche Verträge, wie insbesondere Durchführungsverträge, erfüllen diese Voraussetzung nur dann, wenn die Gemeinde über die grundstücksbezogene Nutzungssteuerung hinaus auch auf die Verwirklichung der baulichen Anlagen auf den Grundstücken wie ein Bauherr Einfluss nimmt, indem sie eine Festlegung der Nutzung der Flächen als Gemeinbedarfseinrichtungen oder zur Erfüllung öffentlicher Zwecke vornimmt und die Gestaltung, Ausführung, Kontrolle, Finanzierung und Fertigstellung des Bauwerks wie ein Bauherr regelt und damit ihr spezifisches Projektinteresse dokumentieren. Dies ist bei echten Erschließungsverträgen (die erstellten Erschließungsanlagen werden vom Erschließungsträger unentgeltlich der Gemeinde übereignet und der Erschließungsträger hat die Möglichkeit, sich durch Kostenerstattungsvereinbarungen mit den Grundstückseigentümern zu refinanzieren) grundsätzlich ebenso der Fall wie bei unechten (die Gemeinde zahlt für die Erschließungsanlagen eine Vergütung). Denn in beiden Fällen nimmt die Gemeinde bei den üblichen erschließungsvertraglichen Regelungen auf die konkrete Ausgestaltung, Ausführung, Art der Finanzierung und Fertigstellung eine bauherrenähnliche Stellung ein.[49]

49 Der EuGH hat in der Rechtssache Teatro alla Aicocca den öffentlichen Auftraggeber überdies im Interesse der praktischen Wirksamkeit des gemeinschaftsrechtlichen Vergaberechts für verpflichtet gehalten, auch dann für die Wahrung der Ausschreibungspflicht sorgen zu müssen, wenn keine Auswahl zwischen mehreren Vertragspartnern möglich war, weil nur ein Vertrag mit dem Grundstückseigentümer in Betracht kam. Dann sei der öffentliche Auftraggeber gehalten, den Erschließungsträger dazu zu verpflichten, seinerseits ein den vergaberechtlichen Anforderungen genügendes Ausschreibungsverfahren durchzuführen (vgl. EuGH, Slg. 2001, I-5409 Rn. 100 und Ziekow, DVBl. 2008, 144).

4. Interkommunale Zusammenarbeit – Notwendigkeit der Korrektur der EuGH-Rechtsprechung

Während die „ausufernde" Anwendung des Vergaberechts auf städtebauliche Verträge durch eine Nachjustierung der Rechtsprechung noch durchaus im Einklang mit der Rechtsprechung des EuGH korrigiert werden kann, ist eine Korrektur der Rechtsprechung des EuGH notwendig, um auch im Bereich der interkommunalen Zusammenarbeit auf das Maß einer den erforderlichen Zuständigkeits- und Organisationsspielraum der öffentlichen Aufgabenträger respektierende Anwendung des Vergaberechts zurückkommen zu können. Die restriktive Rechtsprechung zu sogenannten Inhouse-Geschäften gerät insbesondere in Kollision mit der zunehmenden staatlichen Steuerung der interkommunalen Zusammenarbeit, soweit auch die Wahrnehmung öffentlicher Aufgaben durch einen anderen öffentlichen Aufgabenträger dem Vergaberecht unterworfen wird. Das Kollisionsfeld spitzt sich zu, soweit auch das staatliche Organisationsrecht von Bund und Ländern tangiert wird. Denn soweit die Länder die interkommunale Zusammenarbeit aus Gründen einer ordnungsgemäßen Aufgabenwahrnehmung für erforderlich halten und staatliche Anreize bis hin zum Kooperationszwang einsetzen, um interkommunale Kooperationen zu fördern, führt der Zügel des Vergaberechts zu Hindernissen bei der Wahrnehmung staatlicher Organisationsgewalt. Es sollte daher erwogen werden, ob Aufträge, die im Rahmen der interkommunalen Kooperation von den öffentlichen Aufgabenträgern selbst und nicht von Gesellschaften für andere öffentliche Aufgabenträger wahrgenommen werden, überhaupt den Marktregeln zu unterwerfen sind. Denn es ist nicht Aufgabe des Vergaberechts, die öffentlichen Aufgabenträger zu veranlassen, ihre Aufgabenwahrnehmung dem Zugriff privater Unternehmen zu öffnen, soweit die Erfüllung der Aufgabe im staatlichen Leistungsspektrum verbleibt.

Im Unterschwellenbereich dürfte durch die Ausdehnung des Anwendungsbereichs des europäischen Vergaberegimes eine Entwicklung auf mitgliedstaatlicher Ebene einsetzen, die dahin führt, dass die Mitgliedstaaten versuchen werden, verloren gegangene Spielräume wieder in anderen Teilbereichen zurückzugewinnen und vor allem in diesem Bereich für eine Entlastung ihrer Kommunen zu sorgen. Ob und inwieweit das Gemeinschaftsrecht auch in diesen Bereich vordringen kann, ist vor dem Hintergrund des Subsidiaritäts- und Verhältnismäßigkeitsprinzips zweifelhaft.

V. Schwierigkeiten bei der Durchführung von Vergabeverfahren

Die Durchführung des Vergabeverfahrens stellt eine Vielzahl von formalen und rechtlichen Anforderungen auf, deren Handhabung angesichts ihrer Differenziertheit zahlreiche Fehlerquellen in sich birgt. Einige Fehlerquellen wurden durch neuere Gesetzesänderungen eingedämmt. So wurde mit dem Gesetz zur Beschleunigung der Umsetzung von Öffentlich-Privaten Partnerschaften und zur Verbesserung gesetzlicher Rahmenbedingungen für Öffentlich-Private Partnerschaften vom 1.9.2005[50] auf einige praktische Schwierigkeiten bei der Durchführung von Vergabeverfahren reagiert, indem in § 99 Abs. 6 GWB bestimmte Fragen im Zusammenhang mit der rechtlichen Einordnung von öffentlichen Aufträgen geregelt wurden. So hat der Gesetzgeber ausgehend von der Schwerpunkttheorie des EuGH bei gemischten Verträgen nach dem Schwerpunkt des Vertrags klargestellt, dass ein öffentlicher Auftrag, der neben dem Einkauf von Waren auch die Beschaffung von Dienstleistungen zum Gegenstand habe, als Dienstleistungsauftrag zu gelten habe. Außerdem ist in § 99 Abs. 6 S. 2 GWB geregelt, dass ein öffentlicher Auftrag, der neben Dienstleistungen Bauleistungen umfasst, die im Verhältnis zum Hauptgegenstand Nebenarbeiten sind, als Dienstleistungsauftrag zu behandeln sei. Schließlich ist entsprechend Art. 28 der Richtlinie 2004/18/EG in § 6a Vergabeverordnung ein wettbewerblicher Dialog für Fälle eingeführt worden, in denen die staatlichen Auftraggeber objektiv nicht in der Lage sind, die technischen Mittel anzugeben, mit denen ihre Bedürfnisse und Ziele erfüllt werden können oder die rechtlichen oder finanziellen Bedingungen des Vorhabens anzugeben. Die Transparenzanforderungen können durch den Einsatz elektronischer Medien erleichtert werden, setzen aber auch diesbezüglich eine einheitliche Standardisierung voraus.

Weiterhin führt aber die Komplexität der Vergabeverfahren zu einigen verfahrensmäßigen Fußangeln. Dazu gehört unter anderem auch die Thematik der Abgabe von Nebenangeboten und deren Berücksichtigung,[51] Fragen bezüglich des Umfangs des Publikationsgebots (z. B. in welchem Umfang Unterkriterien anzugeben sind, welche verfahrensrechtlichen Konsequenzen eine Änderung der Verdingungsunterlagen hat, welche Informationen über die ursprüngliche Ausschreibung hinausgehende Einfügung eines Gutachtenverfahrens zur Erlangung von Vorentwürfen gegeben werden muss[52]), Fragen im Zusammenhang

50 BGBl. 2005, Teil I Nr. 56, 2676.

51 Vgl. dazu das noch nicht rechtskräftige Urteil des OLG Zweibrücken vom 24.1.2008 – 6 U 25/06.

52 Vgl. BGH, Urteil vom 27.6.2007 – X ZR 34/04 = ZfBR 2007, 814 ff.

mit der Mehrdeutigkeit von Ausschreibungsunterlagen[53] und Fragen bezüglich der Bewertung der Angebote[54]. Das Bundesministerium für Verkehr, Bau und Stadtentwicklung und das Finanzministerium des Landes Nordrhein-Westfalen haben unter der Überschrift PPP im Hochbau im August 2007 einen Vergaberechtsleitfaden herausgegeben, der auch für Kommunen eine Basis als Arbeitshilfe bieten kann.

VI. Zusammenfassung

1. Konstruktionen zur Umgehung des Vergaberechts beim Bau bestimmter Großprojekte (z. B. Erlebnisbäder, Kongress- und Sporthallen usw.) durch eine Aufspaltung der verschiedenen Funktionen eines öffentlichen Projektträgers und die Verteilung auf verschiedene Funktionsträger können nach der neueren Vergaberechtsprechung rechtlich keinen Bestand mehr haben. Es besteht sogar das Risiko, dass in diesen Fällen mehrfach ein Vergabeverfahren durchgeführt werden muss, da jeder Vergabevorgang für sich zu betrachten ist. Die Anwendung des Vergaberechts kann auch nicht mehr dadurch umgangen werden, dass anstelle eines privaten Unternehmens ein öffentliches Unternehmen mit der Entwicklung, Planung, Baureifmachung und Vermarktung eines Gewerbegebiets beauftragt wird. Dies kann sogar zum Erfordernis einer mehrfachen Ausschreibung führen, wenn die Vergabe an das öffentliche Unternehmen kein Inhouse-Geschäft ist.
2. Die Vergaberechtssprechung ist jedoch in der Gefahr einer tendenziellen Ausuferung, soweit städtebauliche Verträge und insbesondere Durchführungsverträge im Sinne von § 12 BauGB generell als öffentliche Aufträge qualifiziert werden. Denn soweit sie ihrer Funktion nach nur planvorbereitende Funktion haben, sind sie Bestandteil der Nutzungssteuerung durch kommunale Bauleitplanung, und soweit sie lediglich den Zweck haben, den Grundstückseigentümer, der ein Investitionsvorhaben verwirklichen möchte, an den Planungs- und Erschließungskosten für die ihm durch Bauleitplanung eröffnete Nutzungsmöglichkeit zu beteiligen, ist dies kein Entgelt für eine Auftragserteilung. § 99 Abs. 3 3. Variante GWB lässt es zwar für die Anwendung des Vergaberechtsregimes ausreichen, dass der öffentliche Auftraggeber die Befugnis hat, Erfordernisse aufzustellen, diese müssen

53 Vgl. dazu etwa Brandenburgisches OLG, Urteil vom 24.4.2007 – 11 U 103/06.

54 Vgl. dazu Vergabekammer beim Regierungspräsidium Halle vom 17.4.2007 – 1 VK LVwA 04/07.

aber auf ein bestimmtes Bauwerk und dessen Zweckbestimmung bezogen sein. Beschränkt sich die Einflussnahme lediglich auf die Festlegung von Art und Maß der baulichen Nutzung, also auf den Inhalt des Bebauungsplans, und die Verpflichtung zur Realisierung der Planinhalte sowie der Pflicht zur Kostentragung, bezieht sich eine derartige Regelung noch nicht auf die Herstellung eines bestimmten Bauwerks.
Bei der Vergabe öffentlicher Bauaufträge sind im Einzelfall folgende Grenzen des Vergaberechts zu beachten:

a. Ein vergaberechtlich relevanter öffentlicher Auftrag liegt nur vor, wenn es sich dabei um einen Beschaffungsvorgang handelt.
b. Beim Bauauftrag und bei der Baukonzession muss ein spezifischer Bezug zur Herstellung bzw. Nutzung eines Bauwerks gegeben sein.
c. Eine Baukonzession unterscheidet sich von dem Bauauftrag nur dadurch, dass die Gegenleistung für die Bauleistung ausschließlich in dem Recht zur Nutzung des Bauwerks besteht.
d. Vertragliche Regelungen erfüllen die Voraussetzungen eines öffentlichen Bauauftrags oder einer Baukonzession, wenn sie dem öffentlichen Auftraggeber eine unmittelbare oder mittelbare Einflussnahmemöglichkeit auf die Planung, Gestaltung, Ausführung, Finanzierung, Kontrolle und Fertigstellung eines Bauwerks oder Baugewerkes dergestalt einräumen, dass der öffentliche Auftraggeber insoweit an die Stelle eines Bauherrn tritt. Dagegen liegen die Voraussetzungen eines Bauauftrags bzw. einer Baukonzession nicht vor, wenn die vertraglichen Regelungen lediglich dem Zweck dienen, die städtebauliche Planung vorzubereiten, diese zu verwirklichen oder deren Verwirklichung durch die Vereinbarung von Sanktionen im Fall der Nichteinhaltung der vorgegebenen Planinhalte zu sichern.

3. Das europäische Vergaberecht begründet Anforderungen für ÖPPs auf vertraglicher Basis und für sogenannte institutionalisierte ÖPPs. Die Kommission hat zwischenzeitlich ein Grünbuch über öffentlich-rechtliche Partnerschaften und die gemeinschaftlichen Rechtsvorschriften für öffentliche Aufträge und Konzessionen vorgelegt.[55] Da einige Interessenvertreter die Auffassung vertreten haben, dass die Gemeinschaftsregeln für die Auswahl von Unternehmen für eine ÖPP sowie die Auswirkungen dieser Regeln auf die Vertragsbeziehungen innerhalb der Partnerschaft nicht klar genug und zwischen den einzelnen Mitgliedstaaten uneinheitlich sind, hat die Kom-

55 Vgl. KOM (2004), 237 endgültig vom 30.4.2004.

mission schon im Rahmen ihrer Binnenmarktstrategie 2003-2006 angekündigt, ein Grünbuch zu ÖPP und den gemeinschaftlichen Rechtsvorschriften für öffentliche Aufträge und Konzession zu veröffentlichen und so eine Diskussion darüber anzustoßen, wie sich ÖPP am besten auf der Basis effektiven Wettbewerbs und rechtlicher Klarheit weiterentwickeln könnten (so ausdrücklich zur Motivationslage das Grünbuch unter 1.2 Ziff. 16). Dieser Prozess ist sachgerecht und sollte zu einer Vereinfachung der überdifferenzierten formellen Vergabeanforderungen, zur Klarstellung der Abgrenzungsschwierigkeiten zwischen vergaberechtlich relevanten Beschaffungsvorgängen sowie der Entwicklung und Sicherung der ordnungsgemäßen staatlichen Aufgabenerfüllung genutzt werden und zu einer Bereinigung der Ungleichbehandlung von Dienstleistungsaufträgen und Dienstleistungskonzessionen führen.

Wegen der Bedeutung der interkommunalen Zusammenarbeit als staatlicher Steuerungsgegenstand und als Werkzeug zur Erhaltung der kommunalen Handlungsfähigkeit und Gestaltungsspielräume sollte das Spannungsverhältnis zwischen den vergabenrechtlichen Zielsetzungen und den Zielsetzungen staatlicher Organisationsgewalt und Finanzpolitik dadurch aufgelöst werden, dass die Wahrnehmung einer öffentlichen Aufgabe durch einen anderen öffentlichen Aufgabenträger dem Bereich der Inhouse-Geschäfte zugeordnet wird. Dafür gibt es gute rechtspolitische Gründe, wie die Wahrung der staatlichen Steuerungs- und Gestaltungsfähigkeit, wo eine interkommunale Zusammenarbeit den Ausweg aus einer kommunalen Handlungs- und Finanzschwäche bietet, die Vermeidung einer unwirtschaftlichen Vergabe an private Wettbewerber und die Gefahr eines Akzeptanzverlusts des europäischen Vergaberechts. Soweit es der EuGH für ausreichend hält, dass eine Eigengesellschaft des öffentlichen Aufgabenträgers seine Tätigkeiten im Wesentlichen für den öffentlichen Aufgabenträger verrichtet, sollte damit auch der Weg für die Bejahung eines Inhouse-Geschäfts frei sein, soweit ein anderer öffentlicher Aufgabenträger seine Tätigkeit ausschließlich zur Wahrnehmung seiner Aufgabe und zur Erfüllung der Aufgabe eines anderen öffentlichen Aufgabenträgers entfaltet.